野村の真髄

「本当の才能」の引き出し方

野村克也

青春新書
INTELLIGENCE

プロローグ——才能を発揮し切れない人が「見落としている」こと

まったく迷惑な話である。

確かに、最下位常連チームだったヤクルト（東京ヤクルトスワローズ）を日本一にしたことはある。

生まれたばかりだった楽天（東北楽天ゴールデンイーグルス）をAクラス入りさせ、クライマックスシリーズ出場に導いた。

江夏豊、小早川毅彦、遠山奨志《しょうじ》、山﨑武司——。

他球団から追い出されたベテラン選手や二軍落ちした連中を拾い上げ、私のもとで大活躍してくれた選手は多い。

いつしか、私は「野村再生工場」などと言われてきた。

それに対しては、多少の自負も自尊心もある。

ただし、どれもこれも野球に限った話である。

「元気のない日本経済の再生につながるヒントが欲しい」

「成果を出せないビジネスマンを再生する手法をうかがいたい」

講演や執筆依頼、雑誌のインタビューなどでこうした依頼をいただくのだが、正直なところ、迷惑と感じることもある。それが言い過ぎだとしたら、「重荷」なのだ。

高校を卒業後、テスト生として南海ホークス（現福岡ソフトバンクホークス）に入団してから約60年間、野球一筋に生きてきた。

「野村－野球＝ゼロ」という方程式を胸に刻むほど、世間知らずの自覚もある。

そんな自分に、経済や政治、ビジネスや教育について、偉そうに語る資格はない。

だから、本書は基本的に野球の話しか出てこない。

あくまで選手として、監督として、「人間の才能を引き出すには、いかにすればいいのか」を私自身の経験に即してお伝えするものだ。

ただし、そこには普遍的な人間学に通じる、人の思考や組織の行動を左右する力強い〝原理原則〟が含まれている、とも考えている。

野球というフィールドの外でも十分に活用できる、人が誰しも持つ潜在的な力を引き出すためのヒントを見つけられると感じているからだ。

結論から言うと、それは「見えないものを感じる力」である。

同じプロの中にも、一流とそれ以外がいる

プロ野球選手とは、すべからくそれなりの体力と技術を持っている者である。

多くが小学生時代から、その地域ではナンバーワンの腕前を持ち、厳しい競争を勝ち抜いて、12チームしかないプロ野球チーム（NPB＝日本野球機構）に所属しているのだから当然だ。

しかし、そんな潜在能力を持ちながらも、力を発揮できずに、くすぶり、レギュラー落ちし、早々に引退せざるを得なくなる選手が多い。

なぜか？

それは「見えないものを感じる力」を養えないまま、体力と技術、そして気力だけで勝負に向かっている者がほとんどだからである。

野球には、相手がいる。力いっぱい投げ、バットを振り回せば勝てるという競技ではない。相手の心理や思考の動きを感じ取らなければ、勝負には決して勝てないということだ。

たとえばバッターだとしたら、目の前のバッテリーは何をされるのを嫌がっているか。ならば、どんな意図を持って配球してくるか。自分をどのように分析しているのか。そもそも勝ち気なのか、慎重派か、どのような性格の持ち主なのか——。

こうした対戦相手の心理、思考というものは、形のない「目に見えないもの」である。しかし、見えない相手の気持ちを感じることができれば、手の内が読める。事前にどんな球を投げるかが読めれば、力のあるバッターなら必ず打てる。相手がどんな球を狙っているかを読めれば、技術のあるピッチャーなら必ず打ち取れるのだ。

見えないものを感じる力を、一般的には「洞察力」と言う。

一流と呼ばれる選手は、間違いなくこの洞察力に長《た》けている。

裏を返せば、体力と技術、そこに洞察力を絡み合わせることができて初めて、野球人は一流となるのである。

部下が何を求め、何を成し遂げたいと思っているか。見えないそれをおもんぱかり、ふさわしい声かけができる者が、優れた上司となるのだろう。

お客がどんな商品やサービスを求めているかを読み取り、ふさわしいものを提供できれば、どんなビジネスでも成功するに違いない。

若い頃は力と技術だけで押し切れた者も、いつしか壁にぶち当たる。洞察力をたくみに使い、とことんまで頭で考えなければ、その先はない。相手の気持ちをしっかり理解できなければ、必ずどこかで頭打ちとなる。

私が数々のチームを、人を、再生してきたと言うなら、その洞察力を養うための後押しをしてきただけである。

見えないものを見るために、五感をどう磨くか

では、どうすれば見えないものを感じる洞察力を磨けるのか。

「すべてを使う」ことである。

目で見る、耳で聞く、鼻で嗅ぐ、舌などで感じ取る、肌で触れる——。

五感と呼べる人間の感覚をおおよそすべて研ぎ澄まして、意識して使い切るのだ。優れた洞察力は、優れた観察と、可能な限り蓄積されたデータの分析の上に成り立つからだ。

グラウンドにはあらゆる情報が転がっている。

私は、いつもそれを見て、聞いて、嗅ぎ、感じ取ってきた。

キャッチャーをしながら、バッターの息遣い、バットの持ち方、ちょっとした目線、鼓動の高鳴り、バッターボックスに入るときの雰囲気を瞬時にくみ取って、「狙い」を読み取ってきた。監督になっても、こうした情報の感度を磨き、頭を使うことを、選手たちに言い続けてきた。

本書は、こうした勝つための五感の使い方を伝えるために書き上げたものだ。

繰り返しになるが、野球の話がほぼすべてを占める。

しかし、それは必ず、あなたの仕事や人生と重なり合うはずだ。

私が培ってきた60年間の些細な知恵を、少しでも今後の長く豊かな人生に活かしていただければ幸いである。

「本当の才能」の引き出し方

目次

Ⅰ　気づかない力に気づく

Ⅲ 動じない心の保ち方

Ⅳ リーダーとしての才覚

Ⅰ　気づかない力に気づく

1

壁を乗り越えるための「感じ取る力」

どうして「あっ！」とつぶやく人間が伸びるのか

「あっ！」

「アレ？」

「ん？」


試合中、ベンチでそんなつぶやきを発する選手は、間違いなく伸びる人間である。

60年間、プロ野球に関わってきた私が自信を持って言えることの一つだ。

こうしたふとしたつぶやきこそ、相手ピッチャー、あるいはバッターが見せる小さな変化を逃さず感知している証拠であるからだ。

元ヤクルトの古田敦也、あるいは楽天の嶋基宏がそうだった。

「あっ！　投げるときの肩の回し方が、いつもと違うんじゃないか？」

「アレ？　前の試合と比べて、どうもバットの角度を変えてきたような気がします」

彼らのつぶやきの奥底には、必ずこうした洞察力が潜んでいたのだ。

洞察力――。

あるいは、それを〝嗅覚〟と言い換えてもいいが、そんな力をしっかり自らに備えることは、勝負事において王道を走り始めていることとほぼ同義である。

敵の気配に潜むのは、相手の思惑に違いない。「どんな球を待っているか」「変化球かストレートか」。相手の意図が事前に読めさえすれば、それに適した対策が取れるからだ。

それは野球に限らず、あらゆる勝負事、数多《あまた》あるビジネスにも通じる話だろう。

顧客視点、ライバルの狙い。そうした狙いが見えていなければ、お客のニーズを満たすことも、激しい競争に勝つこともできないのではないだろうか。

“鈍感”なままでは結果を出せない

もちろん、私にビジネスを語る資格などない。

盗塁を例に挙げよう。

ランナーが一塁にいる。

強いチームのキャッチャーは、ランナーのリードの仕方、走るときと走らないときの違いなどを、前のイニング、あるいは前の試合での対戦のときと比較する。

目の表情、肩の動き、前かがみになった姿勢……。

それは人それぞれだが、ランナーの過去といまを比較した上で見える小さな変化から走る気配を感じ取る。

「におうな」とその気配を敏感に察知できれば、キャッチャーは事前に準備し、ランナーが走るやいなや、いいタイミングで刺すことができるわけだ。

配球に関しても同様だ。

敏感なバッテリー、強いチームのピッチャーやキャッチャーは、バッターの前をボールが通過する瞬間を見逃さない。

打者のかすかなひと呼吸や足の動き。普通なら見逃すような揺らぎに目をつけ、「インコースを待っているな」「変化球狙いだな」と感じて、臨機応変に攻め方を変えるわけだ。

反対に、ダメなチームの選手はどうか？

何も考えず、形だけの牽制球を投げて、自分の都合だけで配球している。ランナーを刺せたらラッキー。打たれなかったらOK。そう考えているようにしか思えない。要は「頭で考えて野球をしていない」のだ。

私の好きな言葉に「人間の最大の悪とは鈍感である」がある。

敏感に変化を感じる嗅覚のない鈍感な人間は、いつまでたっても結果を出せないというわけだ。

鈍感が悪である理由は、それだけではない。

鈍感な人間は、自らが間違ったやり方をしていることにも気づかぬ感性の鈍さを持っている。さらに失敗を繰り返す。そして改善や成長の手立てを自ら消してしまうのだ。

内野ゴロをうまくさばいたつもりだったが、ファーストへの送球が乱れた……。

こうした失敗には、必ず原因があるものだ。

敏感な人間は、そうした失敗の元になった自らの変化にも気づき、修正しようと思案する。しかし鈍感な人間は原因に気づけない。「調子が悪い」「運が悪かった」くらいで終わらせてしまうのだ。

私に言わせれば、それは〝調子〟でも〝運〟でもなくて、〝頭〟が悪いのである。

奇策を成功させるための周到な準備

気配を感じる嗅覚。

勝負を左右する敏感な洞察力。

それは何も「勘ピューター」のように、突然、天から舞い降りてくるものではない。

普段から相手を観察し、データを取って分析する地道な努力。そんな面倒をいとわずに情報と知識を詰め込めば、誰でも手にできるものなのだ。

たとえば、私がヤクルトの監督になって4年目の1993年のこと。

我がチームは「ギャンブルスタート」という走塁策で他チームから嫌がられていた。

それは「ピッチャーが投げたボールがバットに当たった瞬間に、ランナーがスタートして勝負を懸ける」という走塁だ。

要するに、見切り発車である。

もちろん、打球がバウンドせずにライナーなどになれば併殺の可能性が大だ。

ところが、ギャンブルスタートはほぼ毎回成功していた。

なぜか——？

直感力でも、奇策がはまったわけでもない。

実は、私たちはスコアラーに相手チームの投手の〝クセ〟を徹底的に調べてもらい、事前に認識していたからだ。

そうしたデータをまずベースにおいた上で、瞬間、瞬間の相手の些細な動きや、その裏にある心理や思考までを嗅ぎ取って、ギャンブルスタートを成功させていたというわけだ。

しかも、キャンプのときから、きっちりと練習を重ねていた。

つまり、「気配を感じ取る」「洞察力を働かせる」力は、観察して、分析し、考えて、考えて、考え抜いた上で初めて成り立つものと言える。

用意周到に集めた客観的なデータや練習の積み上げがあるからこそ、〝嗅覚〟は働くのだ。

あえて〝セオリーを無視する〟ことのメリット

ちなみに、ギャンブルスタートのような奇策は、相手に対して直感的なチームだと〝思わせること〟も大きな目的であった。

セオリー通りではない作戦を繰り出されると、相手チームは「このチームは、また何か突飛なことをしてくるのではないか」と警戒し始めるからだ。

もう一つある。

奇策がはまると、自分たちも「うちは相手チームより策を練った野球をしているぞ！」という優越感が芽生える。それが味方のヤジを変える。相手のセオリー通りの戦術を見て、

「まだそんな野球やっているのか？」

「古い古い」

という声が出てくる。

要するに、ベンチの士気が高まるわけだ。

まず敵を知り、対処法を練る。その上で斬新なアイデアを出せれば、自らの仕事に自信が持てる――野球のベンチだけじゃなく、ビジネスの現場でも十分に通じる話だろう。すでに実感している人もいるはずだ。

「感じ取る力」を高める三つのステップ

勝負における嗅覚、気配を感じる力を磨くためにはどうすればいいのか。

私は3段階あると考えている。

第1段階は、『強い欲を持つ』ことだ。

「優勝したい！」

「もっと稼ぎたい！」

なんだっていい。こうした目標や夢があれば、「絶対に勝ちたい！」という執念が宿るものだ。

すると、「勝つには何をすればいいか」「足りないものは何か」と、いまいる場所から、望むべき夢の場所までのギャップが具体的に見える。だから、自ら努力し始めるわけだ。

弱いチームの選手は、この認識ができていない。

ちょっと点を取られただけで、「もう負けた」とあきらめる。「相手が強いから仕方ない」と振り返らない。

何も学ばないから進歩しないのだ。

だが、欲の強いヤツは、第2段階に進む。

『準備を怠らなくなる』ことだ。

それは「観察力を磨く」と言い換えてもいい。

たとえば打者には必ずクセがある。打席に入るしぐさ。ボールの見逃し方。そうした一挙手一投足から、相手が「どんな球種、コースを狙っているか」が見えるようになる。裏を返せば、その行動を取らないときは「迷っているな」と気づけるわけだ。先に述べた通り、こうした地道なデータをコツコツと集めることが気配をつかむ「根拠」になってくる。

そして、欲を持ち、準備のために観察をしたあとに来るのが最終段階。

『仮説を立てる』だ。

事前に集めたデータから敵の傾向はわかる。バッターならボールカウントによるピッチャーの配球の傾向が見える。

それはつまり、「狙い球の選択肢が絞れる」ということだ。

「このカウントで、あのピッチャーの動きなら、次はストレートだ」とヤマを張れるわけだ。

不器用な人間だからこそ勝てることがある

ちなみに、バッターの場合は四つのタイプがある。

A型は「ストレートを狙い、変化球にも対応するタイプ」
B型は「内角か外角か、打つコースを決めるタイプ」
C型は「レフト方向かライト方向か、打つ方向を決めるタイプ」
D型は「球種にヤマを張るタイプ」

すべてのバッターが、このどれかのタイプに当てはまるのである。

私は典型的なD型、ヤマ張りタイプだった。

事前に集めたデータと相手の気配を拾い集めて分析した結果、「この球だ！」と狙い打ちする。

逆に言えば、狙い打ちするためには、敏感にバッテリーやベンチの気配まで感じて判断するしかないわけだ。

私がヤマ張り型になった理由は、不器用だったからである。

長嶋茂雄みたいな天才は、反射神経と動物的な勘でどんな球種でも対応して打てる。

しかし、私にはそんな天才的な勘も瞬発力もなかった。

いわば天才になれない劣等感と、しかし天才に負けたくないという〝欲〟があったから、とことん考えて野球をするしかなかった。

そう考えると、不器用な人間は最後には勝つのかもしれない。

天才は考えなくていいから、何も語れず、教えられない。しかし不器用な人間は考えに考え抜き、人の心理や気配まで気づけるようになる。また、それを誰かに伝えることができるようになるからだ。野球しかしてこなかっただけの私がいま、このような本で皆さんに何かをお伝えできているように。

いずれにせよ、目の前の相手が何を考えているかわからない。そんな人間は「欲がないか」「よく考えていないか」のどれかに違いない。

本気で勝負に勝ちたいなら、長くいい仕事をしたいなら、それを肝に銘じたほうがいいだろう。

繰り返しになるが、ただボーッと状況を見るのでなく、見えない何かをつかみ取り、洞察力を働かせる。

そして、相手の心を読み、出方を予測することこそが勝利のセオリーなのだ。

野村の真髄

不器用ならそのぶん〝準備〟に時間をかけよ

2 やる気に火をつける「言葉」と「タイミング」

野村再生工場の要諦は「自信をつけさせること」

部下のやる気に火をつける――。

それは上に立つ人間にとって、最も大事な仕事の一つだ。

野球の監督でも、企業の上役でも、組織においては変わらない役割である。

南海、ヤクルト、阪神、そして楽天……。監督になってから、私は他球団をお払い箱になったベテラン選手や、二軍でくすぶっていた落ち目の選手などを多く登用してきた。いままで以上の輝きを取り戻させ、彼らの活躍を引き出してきたことで「野村再生工場」などと言われた。

ただ、現実はというと、何のことはない、戦力に恵まれなかったため持ち駒の中で戦うしかなかっただけである。

しかし、選手たちがもともと持っている秘めた力を引き出し、再生させてきた自負は確かにあった。そんな選手たちの潜在的な力を引き出すために最も意識したのが、彼らに「自信をつけさせること」だった。

理由は実に単純だ。

力を出せずにいる選手。彼らに共通するメンタリティーがマイナス思考であるためだ。

「ボクにはこれが限界です」

「どうせオレはこの程度だから」

くすぶっている選手は、必ず自らが作った「限界」という殻に閉じこもっているものだ。

しかし、たいていの場合、それは「逃げ」でしかない。

「このあたりで勘弁してほしい……」

そんな妥協した仕事に対する口実なのだ。

怖いのは、気持ちの上で逃げたが最後、転がるように勝負事が負けへ負けへと傾いていいくことだ。

もう50年近く前になるが、若い頃、私は南海ホークスで、鶴岡（当時は山本）一人監督のもとで現役時代を過ごしてきた。

鶴岡監督はいくつか口グセがあり、そのほとんどが敵チームや自チームの選手に対する罵倒であったことには閉口したが、なかには納得のいく言葉もあった。

その一つが、

「弱い相手と戦うときは、先に点を取れ！」

だ。

いわく、下位にいる弱いチームは、マイナス思考が蔓延しているため、あきらめが早い。それは気持ちが弱っているからであり、先制されたが最後、すぐに「今日も負けだ」「どうせ、またうちはダメだ」とあきらめムードに拍車がかかる。選手一人ひとりの心身を萎えさせる。力を発揮できず、敗者へと転がり落ちていってくれる。そんな理屈だった。

現にその通り、下位チームであればあるほど、試合序盤に失点するとおもしろいように意気消沈してくれた。自信を持たぬ人間は、打たれ弱いのである。

裏を返せば、自信をつけさせねば、人はいとも簡単にやる気をなくすということ。監督や上司は、選手や部下に「限界」や「妥協」をさせぬよう、自信に灯をともす必要がある、というわけだ。

たった一つの言葉で20年間がんばれた

しかし、勘違いしないでほしい。

自信をつけさせるためだからといって、「とにかく、いいところを見つけて褒める」といった幼稚なことは推奨しない。

私は人をダメにする最も簡単な方法は、ホメ殺しだと思っている。褒められるだけでは、自分の頭で考えることをしなくなる。そして、何よりも「なにくそ」という腹の底から湧き出る人間の馬力のようなものが生まれてこないからだ。

それは私自身が選手時代に叱られて育ったことで実感している。

南海時代は自慢ではないが、私はチームの中心にいて三冠王を取ったこともある。にもかかわらず、鶴岡監督はいつも私を叱りつけた。

「お前はゼニにならん選手や」

「何が三冠王じゃ。チームに貢献したのはピッチャーの杉浦（忠）だけだ」

と散々だった。

しかし、理不尽に叩かれるたびに、私の中の負けじ魂には火がついた。

「なにくそ！」

「見返してやる！」

いわば反骨心がエンジンになったのだ。

人は評価で生きているものだ。他者、とくに監督や上司といった目上の相手に認められたいという強い欲求を誰しも持っている。だからこそ、上に立つ者は、その欲求を安易に満たそうとせず、反作用として厳しく接することが大切というわけだ。

私など、鶴岡監督に褒められたのは、たったの一度だけであった。

いまも忘れぬ入団3年目の1956年。高卒で入った私は1年目は少しは一軍で使われた（ブルペン捕手をしていたので、大差のついた試合などでは打席に立たせてもらえた。当時は一軍登録などの細かい規則がなかった）が、2年目は二軍落ちして一軍での出番がまったくなかった。だが3年目の春のキャンプからは再び一軍でチャンスをもらえた。しかし半信半疑。

「またすぐ二軍に落ちるのでは?」

という不安に襲われていた。

そしてオープン戦の最中でのことだ。

大阪球場の通路で鶴岡監督とすれ違った。「おはようございます」と挨拶しても、普段ならたいていは無視。よくても「おぅ」といった程度しか返されなかった。

ところが、その日だけは違った。

「おぅ」のあとに、「お前、ようなったの」と続いたのだ。

骨の髄まで言葉が響いた。「見ていてくれたんだ」とうれしかった。がんばろうと発奮できた。27年も現役を続けられたのも、「また褒められたい」「見返したい」という思いが少なからずあったことは間違いない。まあ、その後ふたたび、褒められることはなかったわけだが……。

いずれにしても、部下を発奮させるのは、軽々しく使われるような、いかにもな褒め言葉ではない。指導者が褒めるときは、何よりもタイミングが大事で、慎重に使うべきなのだ。

そのためには、どうすればいいのだろうか？

答えは、このひと言に尽きる。

〝人を見て法を説け〟だ。

ありきたりな褒め言葉は逆効果

叱られて燃えるか、褒められたらがんばろうとするか。

自信のない自分に共感してほしいのか、そっとしておいてほしいかでも異なる。

性格によって、欲しい言葉もタイミングも違う。

上滑りする言葉や間の悪い言葉は、むしろ「オレのことを見てくれていないんだ」と自信をなくさせることもある。

だから、相手がどんなタイプかを見極める必要がある。

阪神監督時代の井川（慶・現オリックス）と福原（忍）が好例だ。

当時の井川の特徴は、ボールは速いが、コントロールが悪いというものだった。

そのために二軍からなかなか上がれず、それが井川のコンプレックスになりかけていた。

だから私は彼に言った。

「カウントもバッターも考えるな。キャッチャーミットをダーツの的だと思って投げろ」

私は井川のノーコンぶりを見て「バッターやボールカウントを意識し過ぎること」だと気づいた。責任感の強い井川は気負い過ぎて、コントロールが乱れるクセがあったのだ。

一方で雑談中に井川はダーツが得意だということを知った。チームメイトに聞いてみると、オフの日などは一人でダーツを楽しむこともあるという。

好きこそものの上手なれと言う。私はそこで、「いっそダーツの的当てのように投げろ！」と付け加えたのだ。

最初にそう声をかけたのは巨人戦だった。

当時の巨人は圧倒的な強さだった。しかし、井川は見事に完投勝利を挙げた。その後、井川はローテーションの柱になった。

同じく阪神でエースの座を争ったのが福原だが、彼はまた違った。

一見、井川と同じくボールは速いがコントロールがダメなタイプ。ただし、福原は意識がバッターではなくキャッチャーミットにあった。慎重というか、優しいタイプで、コントロールを気にし過ぎて腕が縮まり、球威が落ちる弱点があったのだ。

だから、福原にはこう言った。

「視界からキャッチャーを消して、とにかく思い切り投げろ！」

その後、福原は甲子園のバックネットを見て思いっ切り投げ込むようになった。武器となるグーンと伸びる速球のストレートがバッターの脅威となって、好成績を残し始めたのだ。

監督が声をかけることで、もともと持っていた力を存分に出せるようになる。すると、自信を取り戻す。

響く言葉は人それぞれだ。人を見て法を説け、とは、つまり、かける言葉は相手の性格によって変えよ、ということである。

すぐには教えない、ことの重要性

また、声をかけるタイミングも計るべきだ。

たとえば、技術についてアドバイスするときは、「すぐには教えない」ことが大切だ。人が進歩するのは、つまるところ、「変わる」ということだ。

上司や監督はそのためにアドバイスをするだろうが、人は変わることを基本的に嫌がる。これまでの自分を否定するような気がするからだ。

だから頭ごなしに話してしまうとうまくいかない。仮に口では「はい」「わかりました」と返事をしても、心の中では拒絶反応を示している場合がほとんどだろう。

コツは相手が自ら思い悩んでいるときを見逃さずに声をかけることだ。

「この状態から抜け出したい」

という強い思いを抱いているときは、人の声を聞き入れる心の門が開いている。そうなったとき、人は乾いたスポンジが水を吸い取るように言葉を染み込ませていくものだ。

わかりやすい例が、同じく阪神にいた。

遠山昭治《しょうじ》（99年からの登録名は奨志・現野球評論家）というサウスポーのピッチャーである。

ロッテを解雇されたあと、1998年にあらためて入団テストを受けて阪神に復帰したという、実に反骨心あふれる男だった。

とはいえ、当時、ピッチャーとしてはもうパワーが落ちていた。ストレートとスライダーしか球種がなく、かつては球威で押し切れていたが、もうそうはいかなくなっていた。これまでのスタイルを変えるしか生きる道はなかったわけだ。

そこで私は、「サイドスローに変えろ」「ワンポイントリリーフを目指せ」「シュートを覚えてインコースを攻めろ」と、すべてを変えるように指示した。

遠山にとっては自分を否定されたように聞こえただろう。厳しかったと思う。

しかし、遠山は「はい」と素直に受け入れて、自分を変えた。

とくにサイドスローは大きな武器になった。左のサイドスローほど左打者にとって打ちにくいものはないからだ。

そしてフタを開ければ、生まれ変わった遠山はこの年、松井秀喜を13打席無安打に抑えて、「ゴジラキラー」の異名を取るまでになったのを覚えている人も多いだろう。

遠山も若い頃なら素直に変わることを受け入れられなかったはずだ。しかし、彼には「まだまだ現役を続けたい」「活躍したい」という執念があった。

　変えることをいとわなかったのだ。

人を動かす言葉の根底にあるもの

能動的に言葉を聞き入れる意識を持たせるには、どうすればいいか？

簡単なことだ。

こう聞くのである。

「将来、どんな選手になりたい？」

「どの程度の選手になりたい？」

「いくら稼ぎたいんだ？」

そして続ける。

「そのために、どうすればいい？」

モノがあふれた時代を生きるいまの若い選手は、ハングリーさがない。

しかし、だからこそ、夢や目標を明確化して、「なんのために自分はがんばらなきゃいけないのか」を示してやらなくてはならない。夢のために「変わらなければ」とくすぐる必要があるわけだ。

面倒くさいことではある。

しかし、そこまで考えてやらなければ、いまの時代、人は育たない。

教える側も変わらなくてはいけないのだ。

ただし、いまも昔も変わらないのは、選手や部下に対して絶対的な「愛情」という下地を持っているかどうか。

下地がないまま「こうしろ」「とにかくやれ」などと声をかけても、人は動かない。

言葉は相手の耳に届かず、むなしく落ちる。

逆に、この勘どころをつかんでいれば大丈夫。

誰でも確実に〝ようなる〟ものである。

野村の真髄　人を育てる＝自信を育てること

3　現場でしか得られない「経験力」の活かし方

経験を活かす人間と経験を殺す人間

「野村監督」といまだに言われることが多いが、実のところ、いまの私の職業は「野球解説者」である。

だから、いまでも年に何度も球場に足を運び、練習から見る。

また、２月は必ず沖縄あたりまで行ってキャンプめぐりをする。

「なぜ、老体にムチ打って、練習から見て、キャンプにまで行くのか」

「誰かに無理やり働かされているのではないか」

「それはサッチーではないか」

そのように勘ぐる方もいるようだが、もちろん私が志願して足を運んでいる。現場に足を運ばないと得られないものがあるからだ。

机に向かって本を読んでも知恵や教養は身につく。

しかし、直接見て、触れた「経験」から学び取る〝情報〟や〝気づき〟には、やはりかなわないものがあると思う。

実際、野球に限らず、現場に足を運ぶ大切さを説く世界は多い。

モノを作るメーカーの開発担当者などに聞くと、「必ず売り場を見ろ！」と先輩から代々言われ続けている人が多いようだ。

警察の世界では「現場百遍」と言って、事件の捜査は現場を百回以上訪れるほど、つぶさに行えという言葉があるとも聞く。

もっとも、私は単純な「現場至上主義者」、あるいは「経験至上主義者」ではない。

いくら現場に足を運んでも、いくら自ら経験を重ねても、それを糧にできる人間と、活かせない人間がいるからだ。

その差は、いったいどこにあるのか？

私の代名詞である「ＩＤ野球」が生まれた経緯に、その一端が隠されている。

ＩＤ野球とは、ご存じの通り「インポート・データ」の頭文字を取って、私が作った言葉だ。

相手チームや自分たちのデータを徹底的に集めて分析し、それを駆使してゲームを組み立てていく野球のことである。

実はＩＤ野球は、私自身が〝経験〟から学ぶことで辿り着いたものだ。

「相手から自分を見る」ことで見えてくるもの

南海に入団して4年目、私はパ・リーグでホームラン王を取った。本数は30本。打率は3割2厘まで上がり、ようやく一軍のレギュラーとなった。

ところが、5年目、6年目。私の成績は、なぜか急速に落ち始めた。

4打席に1本ヒットを打つのがやっとという状態になった。

4年目にはあれだけ打てたのに、なぜかパッタリ打てなくなったわけだ。

「もっと練習するしかない！」

そう思って毎晩のように素振りを繰り返した。試合が終わると遊びに行く先輩たちを尻目に、手をマメだらけにして寮の庭でバットを振った。

しかし、やはり打てない。

3割を超えていた打率は2割5分、2割4分……と見るみる落ちていった。

ちなみに、プロのバッターにとって、打率3割は一流と二流を分ける大きなラインである。ピッチャーでいう二ケタ勝利と同じだ。つまり、一流のプロフェッショナルを目指す以上は、あと5分が絶対的に足りなかったわけだ。

いったい、どうすれば5分を埋められるのか……とロッカールームで頭を抱えていたときのことだ。

ある先輩が見かねて言ってきたひと言がヒントになった。

「野村よお、殴った人間っていうのはそれを忘れても、殴られたほうは痛みを忘れないもんだぞ」

ハッ！　とした。

ここで言う「殴った人間」とは、4年目にホームラン王を取った私のことだと気づいたからだ。考えてみれば、若造に打たれた相手チームのバッテリーの悔しさは相当なものだったはずだ。

だが、私は自分のこと、記録のことしか見ていなかった。ところが、翌年のシーズンから、「殴られた」相手のバッテリーは悔しさとともに私のバッティングを警戒し、研究するようになっていた、というわけだ。

先にも言った通り、私は長嶋茂雄やイチローのような高い技術と瞬発力を持ったバッターではなかった。天才肌のバッターはストレートが来ようが、変化球が来ようが瞬時に対応して、その場で打ち返す天性の技術を持っている。

しかし、不器用な私は「次はストレートだな。シュートだな」とヤマを張って確実に打てる球を振っていく「狙い撃ちタイプ」だったのである（もっとも、この頃の私には、まだ相手の配球を読むという発想そのものがなかったのだが）。

それは、逆に言えばストレートを待っていて、不意に変化球を投げ込まれると手も足も出ないということである。他チームのバッテリーはそこに気づいたわけだ。

「二度と打たれるものか！」と前シーズンの悔しさから私を研究し、単純な攻め方をせず、配球に知恵を絞っていた。ただ素振りを繰り返すくらいでは打てるわけがなかったのである。私が積んでいた努力は、間違った努力だったというわけだ。

それまで私はスランプを自分の目線でしか見ていなかった。「相手から自分を見る」という視点が抜け落ちていた。

また、それこそがスランプを抜け出すヒントだったのだ。

私がすべき努力は、自分目線で素振りに精を出すことではなく、どうやって「相手の配球を読むか」ということだと気づいたこと――これがＩＤ野球につながる。

スランプのおかげでＩＤ野球は生まれた

では、相手の配球を読むには、どうすればいいのか？

ずっとそれを考えていたときに、ふと目に入ったのが、遠征先のホテルの部屋で一生懸命に鉛筆を走らせていた一人の人物だった。

尾張久次さんという。南海ホークスの名物スコアラーだ。

言うまでもなく、野球のスコアラーは試合経過の詳細をスコアブックに記していく仕事だ。しかし、当時のスコアラーは契約更改用の査定のために自チームの選手のデータを取ることが主な仕事だった。

ただ、私は相手の配球を読むカギがここにあると思い、尾張さんにこう頼んだ。

「相手ピッチャーが私に投げてくる球種とコースを毎試合つけてもらえませんか」

お安い御用だ、とばかりに尾張さんは気軽に請け負ってくれた。

これが私に大きな転機をもたらすことになる。

なにしろ、そのデータを家に持ち帰って並べると、はっきり一人ひとりの相手ピッチャの配球のクセが見えてきたからだ。

たとえば、いまでも印象に残っているのは、2ボール1ストライクから内角は100％ないという発見だった。「これはおもしろいな！」と思ったものである。

また、ストレートを4球も5球も続けて投げ込んでくるピッチャーも皆無だった。

「ストレート↓ストレート↓変化球」が好きなピッチャーがいた。

あるいは「ストレート↓変化球↓ストレート」の順が好きなピッチャーもいた。

人それぞれに投球リズムがあることがはっきりわかった。

こいつは三拍子好きか、あいつは二拍子か、といった具合だ。

これを覚えたら、バッターとしては「配球が読める」わけだ。

さらに私は尾張さんに「ピッチャーが首を横に振ったときの投球には印をつけてくださ い」と頼んだ。

するとA投手は首を振ったとき「内角には投げない」とか、B投手は首を振ったら「ストレートはない」といった傾向も見えるようになってきた。

こうして事前にデータを集めると、1打席、1打席、対峙するだけではつかめなかった相手の傾向が手に取るようにわかるようになった。このデータを記したノートが増えれば増えるほど、狙い撃ちタイプである私の読みは的中率をグングン上げた。

気がつけば打率3割を超え、ホームラン王のみならず打点王も取り続けることができた。

それだけではない。

データを見つめ直すと、キャッチャーとしてもバッターの心理が読めるようになり、裏をかくような配球ができるようになった。

ＩＤ野球は、こうして生まれた。

言うまでもなく、それは選手時代に戦後初の三冠王を獲得するなどの成績につながり、また監督になってからもそれなりの結果を上げることができた「考える野球（シンキング・ベースボール）」のベースとなったものだ。

言い換えれば、スランプという〝経験〟のおかげともいえる。

根底に「負けてたまるか」という闘争心があったからこそ、もがき苦しんだ末に、ＩＤ野球という戦略を見出すことができた、というわけだ。

ルーキー時代のマー君に与えた試練とは

そういう意味では、失敗や挫折、スランプといった不調な経験ほど伸びるチャンスとなると言えるだろう。

「この場所から這い上がってやろう！」

そんな反骨心が自然に湧き上がり、普段より頭を使うようになるからだ。

加えて大事なのは、負けたときこそ、人は「なぜだ？　なぜだ？」「どうすれば勝てる？」と考えるようになるということ。

だから、私はよく「失敗」と書いて「せいちょう」と読むと言っている。

悪いときこそ伸びるときだ。そんな意識を持てるか。

それが経験を糧にできる人とできない人の分かれ道だろう。

たとえば、私は楽天の監督をしていた頃、マー君（田中将大）にそれを感じた。

マー君が高卒ルーキーとして入ってきた2007年。

本来は二軍でじっくり育てたかったが、当時のきわめて薄い楽天の選手層を考えると、彼を早く一軍のローテーションに入れないと勝負ができない事情があった。

そこで私は、マー君をいきなり一軍でスタートさせた。

しかし、最初に大きな壁を与えたのだ。

デビューは3月29日のソフトバンク戦。当時のソフトバンクは小久保裕紀や松中信彦など、そうそうたる強打者が揃った強豪だった。

彼らにマー君は真正面からぶつかった。

結果はめった打ち。2回途中で6安打、6失点。57球でKOとなった。

その後、マー君は投げるたびに負けた。デビュー戦こそ敗戦投手を免れたが、その後は

2連敗。ボロボロに打ち込まれた。

しかし、私は心配していなかった。

打たれてベンチに戻るマー君の顔を見ると、そこには「もうダメだ」「まずい」という焦燥感は微塵もなかった。いつでも「悔しさ」と「怒り」の感情が見えたからだ。「次はやってやる」「必ず勝ってやる！」

そんな負けじ魂が見て取れた。敗戦という経験を、次に活かしてやろうという闘争心があった。

経験を活かすカギは〝失敗力〟にあり

心にふつふつとたぎっている闘争心。

だからこそ、KOが続いてもマー君を使い続けた。

もっとも、負け続けながらもマウンドに立たせることで、「この経験を活かせ」、そして「信頼している」というメッセージも伝えたつもりだ。

そうして4試合目の登板となったとき、マー君はようやく初勝利を挙げた。

相手は初戦と同じソフトバンク。

今度は松中から3打席連続三振を奪って完投勝利。そのシーズンは11勝を挙げて新人王になった。

そして2013年は星野仙一監督のもとで日本一の立役者となった。

さらに現在はヤンキースタジアムのマウンドに立っている。

ケガなどもあり、メジャーでは常に順風満帆とは言えないようだ。

しかし、そんなときこそ彼は光る。大きな舞台で失敗をすることで、さらに大きな成長をしていくはずだ。

どんな仕事についている人でも、同じように考えてみてはどうだろうか?

現場で積んだ経験は、成功よりも、もがき苦しむ失敗のほうが身につくことが多い。それをどう活かすのかは、自分はもっと成長したい、もっとよくなりたい、という強い思いにかかっているということだ。

野村の真髄 失敗という経験力こそが人を大化けさせる

4
「聞く力」が自分の可能性を広げる

「聞く力」を伸ばすことは自分の成長に直結する

少し前に『聞く力』や『質問力』などと題された本がよく売れたらしい。誰かに何かをしっかり聞く。それはすべての職業人が身につけたい所作だろう。

「耳は大なるべく、口は小なるべし」という言葉がある。余計なことを言って災いを招きがちな「口」は小さくしておいたほうがいい。その一方で、知識や情報を仕入れることになる「耳」は大きく開いておいたほうがよい、という意味である。

自分を向上させたい。

もっと成長したい。

少しでもそう思う人間なら、聞く耳と、聞く努力をしたほうがいいわけだ。

なにより私が新人の頃に前出のような「聞く力」が磨ける虎の巻があったなら、ぜひとも欲しかった。

というのも、当時の南海ホークスは「軍隊方式」だったからだ。

私が入団した当時の南海は、上官にあたる監督から一方的に叱られるだけ。一兵卒である選手のほうから質問なんてできない雰囲気だった。

たとえば、まだ3年目くらいの頃だ。

キャッチャーとして配球を組み立てながらピッチャーをリードしていた私は、大事な局面でストレートを打たれてしまい、悔しさを噛み締めながらベンチに戻った。

すると鶴岡一人監督に「バカタレ！」とえらい剣幕で怒鳴られた。

「なるほど、ああいう局面ではストレートを投げさせたらダメなのだな」。そう悟った私は、同じような局面を迎えたとき、今度は変化球を投げ込ませた。

しかし、前と同じようにカーンと大きく打ち返されてしまった。今度は監督が「何を放《ほう》らせたんや？」と聞いてきた。今度は胸を張って「カーブです」と答えると、また「バカタレ！」だった。

ストレートはダメで、カーブもダメ。では、どう配球すればよかったのか――。

一瞬悩んだ結果、意を決して私は鶴岡監督に質問してみた。

「あの状況で、どんな配球をすればいいですか」

返ってきたひと言はコレだった。

「勉強せえ！」

聞いても教えてもらえない。

振り返ると、そんな環境にいたからこそ、私の耳は〝大〟になったのかもしれない。

真っ白のままだった「野村ノート」

もう一つ、鬼のような鶴岡監督に対しても聞く努力を惜しまなかった理由がある。

私の夢が「母校を甲子園に導くこと」だったからだ。

私は甲子園など夢のまた夢だった京都の高校出身だ。

なにしろ田舎で、娯楽などまったくないから、草野球大会になると超満員になって盛り上がった。

「自分はかなわなかったが、母校の野球部を甲子園に連れて行けたら、どんなに町が活気づくだろうか……」

そう考えた私は、プロで3年間勉強したら、母校の野球部の監督になろうと考えていた。テスト生の自分がまさかプロで活躍できるとは思っていなかったからである。

子どもたちを指導するためには、野球をしっかり理解する必要がある。理論を噛み砕き、わかりやすく教えられる知識と表現力が必要になる。だから、私は新人の頃はベンチにノートを持ち込んで「監督やチームメイトから野球について学び取りたい」と意欲満々でいた。

ところが、当時のプロ野球には理論や哲学のようなものは見られなかった。

勝利は気合いと根性で勝ち取るもの――恥ずかしい話、そんなレベルだったのである。

だから、監督やコーチに何を聞いても答えてくれない、教えられない。

その結果、私のノートは新人の頃は、ほぼ真っ白なままだった。

選手に何か聞かれたとき、ただ「勉強せえ！」と怒鳴るような監督になってしまう。将来への危機感を抱くほどだった。

だから、その後、むさぼるように野球についての話を聞くことができ、ノートが真っ黒に埋まるようになったきっかけを忘れることができない。

1967年。きっかけはあるメジャーリーガーとの出会いだった。

仕事を本気で考える、とはこういうこと

その年、南海に外国人選手として入団したのが、セントルイス・カージナルスなどに所属したドン・ブレイザーだった。

1959年の日米野球で来日し、南海と大毎オリオンズ（現千葉ロッテマリーンズ）の混成チームで対戦したときから、私は最も注目すべき選手として彼を見ていた。

身長は177センチと日本人選手に交じっても取りたてて大きいとは言えない体躯。しかし、すばらしい守備と打撃センスを持っていた。何より頭脳的なプレーを常に見せてくれた。

いまみたいにメジャーの試合や選手などめったに見られなかった時代である。

だからチームメイトとなったブレイザーを、私はここぞとばかりに食事に誘いまくり、野球についてとにかく質問しまくった。

忘れられないのは最初の会話だ。

当時、私はムース（ヘラジカ）というあだ名だったのだが、「ムース、お前がバッターボックスにいて、ヒットエンドランのサインが出たらどうする？」と逆に聞かれた。

私は「空振りや見逃しをしたらランナーが刺される。右方向へゴロを打つ」と答えた。

するとブレイザーは「それだけか？」と聞く。私が答えられないでいると、彼はこう続けた。

「日本のチームは一塁ランナーが走ったとき、セカンドかショートのどちらが二塁ベースに入るか決めている。その空いたほうを狙う。セカンドが入るなら一・二塁間、ショートが入るなら三遊間に打つんだ」

いまにして思うとごく当たり前の話だが、そのときはうなったものだ。

しかも、「でもセカンドとショートのどちらが二塁ベースに入るかは、どう推し量る？」と尋ねると、「一塁ランナーが走るフェイントをする。するとショートかセカンドのどちらかが動く。バッターはそれを見て左右を打ち分ける。以上」と返された。

当時、日本の野球人は、メジャーリーグを「パワーとスピードだけだ」と思っていた。

それこそ〝バカタレ〟だ。

彼らこそ、頭で、理論で、野球をしていたわけだ。

「聞く」ことの質を高めるコツ

バッティングの心構え。配球の根拠。ポジショニングの基礎——。

その後も私はブレイザーに質問を繰り返した。

もっとも、聞くという行為は、ただ会話を重ねるだけじゃうまくいかない。私の場合、ノートに書き出すことが「聞く」ことの質を高めてくれた。

文字になって読むと、あらためて「あの答えは矛盾するのでは？」「あれはどういう意味だったんだ？」と気づきがあるからだ。それをまた次の質問にするわけだ。

聞くより以前の「疑問に気づける力」を養ってくれるわけだ。

こうして、私の真っ白だったノートは、ブレイザーから学んだ野球理論で埋まっていった。そして、それを実践することで、自分なりの解釈も加わる。それをさらにノートに記す……こうして真っ黒に埋めつくされた、何ものにも代えがたい貴重なノートとなっていった。実に有意義で、興味深く、野球における視野が広がる感覚が楽しかった。

彼がいなければ、また彼にいろいろ聞くことがなければ、私の選手としての、そして監督としての成功はなかったであろう。そもそも私がプレーイングマネージャー（選手兼任監督）を要請されたとき、一つだけ出した条件が「ブレイザーをヘッドコーチとして残してほしい」ということだった。それほどに彼の考える野球、シンキング・ベースボールは私の野球観に影響を及ぼしたのだ。

それにしても、よく当時、ズケズケと外国人選手をつかまえて質問なんてできたと思われる方もいるかもしれない。私は英語は話せない。最初は通訳を介して無理やり聞いていた。

そこにあったのは「執念」のひと言に尽きるだろう。

強くなりたい。負けたくない。勝利への執念が強ければ、恥もクソもない。

言葉が通じまいが、元メジャーリーガーだろうが、己の夢に近づくためのチャンスなんだから尻込みなどしている暇はないのだ。

勝てなくなった投手を復活させた〝質問〟

人に何かを聞くことが苦手、質問がどうもヘタで……。

そう考える人は多いようだ。

理由の奥底には、「聞くのが恥ずかしい」「勉強不足と思われるのが怖い」という思いがあるからだろう。

しかし、聞かぬ恥、無知無学の恥のほうがよほど恥ずかしいものである。

「メジャーはパワーだけ……」ではないが、世の中は間違った思い込みや偏見がまかり通っているものだ。誰かに聞かずして本当の学びは、ない。

監督になってからも、私はとにかく「聞く」男だった。

ヤクルトの監督をしていた頃、川崎憲次郎というピッチャーがいた。

3年連続2桁勝利を挙げるような、球威のあるいい投手だったが、後に故障して勝ち星を挙げられなくなっていた。球威が衰え、甘くなったボールを狙い打ちされることが増えたためだ。

そこで私が勧めたのが、「シュートをマスターして内角攻めを徹底しろ」ということだった。

ところが、当時は「ヒジを痛める」と言われていたから、シュートを投げる投手はプロ野球界にはほとんどいなくなっていた。当然、川崎も嫌がった。

けれど、どうも腑に落ちなかった。

私の現役時代はシュートを投げるピッチャーが山ほどいた。しかし、シュートを投げ過ぎてヒジを壊した選手など見たことがなかったのだ。

聞くに限る。そう思った私は、当時、シュートを決め球としていた数少ないピッチャーだった巨人の西本聖に聞いてみた。

「おい、西本。シュートを投げるとヒジを壊すのか」

と。すると西本は即答した。

「ウソですよ。シュートはヒジではなく指先の力を利かせて曲げてるんだから、ヒジを悪くしようがありません」

その話をみやげに私は再度、川崎に「シュートでの内角攻め」を勧めた。

「オレじゃなく、あの西本が言うんだから間違いない、怖がるな」という言葉を添えて。

こうして、ようやくシュートをマスターした川崎はストレートとフォーク、そこにシュートを織り交ぜた配球で内野ゴロで仕留めるピッチングを会得した。98年には最多勝投手となる大活躍である。

完全に再生したのだ。

いずれにしても〝執念〟を持って聞くこと、質問することは次の扉を開くことになる。

恥ずかしい、聞くのがヘタだから怖い、などと言っているうちに、その扉は固く閉ざされて二度と開かなくなるかもしれない。

はたして、どちらが〝怖い〟ことだろうか？

野村の真髄 うまくいかないときこそ〝耳を大きく〟せよ

Ⅱ 隠れた才能を引き出す

5 伸びる人ほど「人の手」を上手に借りている

〝扱いにくい人〟ほど巻き込んでしまえ

野球は一人ではできないスポーツだ。

たとえ170㎞の球を投げるコントロール抜群のエースがいても、たとえ打率5割の天才的なスラッガーがいたとしても、そのチームがたった一人では、試合そのものが成立しない。

先発メンバーは少なくとも九人必要だ。

もちろん、ポジションごとに求められる役割は異なる。

そして各自の役割をしっかり果たして初めて、チームとして優れた結果を出せるのである。

だから、監督の大事な仕事の一つは、いかに多くの「人の手を借りられるか」、あるいは「周囲の力を引き出せるか」ということになる。

それは野球のチームのみならず、企業の営業部門や飲食店のスタッフなどでも同じなのではないだろうか。

人が一人で成し遂げられることなど、たかが知れている。

エースだろうが脇役だろうが、気難しい相手だろうが、性格的に合わない人間だろうが……チームの一人ひとりの「手」をいかに上手に借りられるかが成果を大きく左右するし、監督や上役にとっては何より大事な仕事となるわけだ。

何も難しいことではない。大事なのは、「その気にさせる」ことである。

扱いにくいタイプの例で教えよう。

江夏豊という投手を知っているだろう。

「その気にさせる」ひと言をどう伝えるか

1967年に高卒で阪神入りした江夏は、まさしく天才ピッチャーだった。豪速球とたくみな制球を武器に、1シーズン401奪三振という日本記録を成し遂げた怪物である。

ただし、私生活も怪物のように遊びまくっていたのがアダとなっていた。飲む・打つは当たり前で、体は徐々にボロボロになっていったからだ。

長年の不摂生は、確実に体に悪影響を与える。

江夏の場合は利き腕の血行障害をわずらってしまった。痛み止めのクスリのせいもあって体重が増え、50球も全力投球すると握力が小学生並みに落ちるほど衰えてしまったのだ。

私がプレーイングマネージャーをしていた南海に彼が来たのは、そんな状態の1976年のことだった。

江本孟紀と島野育夫とのトレードで、江夏は放出される形で南海に来た。

本人は大いに不服だったようだ。しかし、受け入れた私も不満を感じた。コントロールは経験を通して磨かれていたが、豪速球は見る影もなかったからだ。

なにしろ50球が限界である。だから私は、「もう完投は無理だ。リリーフをやってほしい」と江夏に伝えた。

首をタテに振るはずはなかった。

当時の日本では、ピッチャーと言えば「先発・完投」が当たり前の時代だった。先発・中継ぎ・抑えという分業制は邪道とされていたからだ。

江夏は私をにらんで、言った。

「トレードの上に、リリーフになれだと？　監督は二度もオレに恥をかかせるのか！」

それでもとにかく、会うたびに「リリーフせい」「リリーフや！」と続けたら、しまいには練習場で私を見かけると、わざと避けるようになった。私はそのたびに頭を抱えた。

こんな男を〝その気にさせる〟には、どうすればいいか――？

そして浮かんだひと言を、ある日、江夏をつかまえて言った。

「プロ野球に革命を起こしてみんか」

これからの日本球界は、メジャーのように先発・完投は古くなる。お前が先駆者となって、日本野球に革命を起こしてやれ！　と伝えたのである。

彼はそこから変わった。

「革命、か……わかった。やる」

そしてリリーフに転向した年からパ・リーグ最高の19セーブを記録。その後は広島、日ハム時代に5年連続20セーブ以上を成し遂げた。

「ストッパー」などという言葉がまだ日本になかった時代に、江夏は先駆者となった。いわば革命を起こしたわけだ。

もっとも、「革命を起こせ」という言葉が効いたのは、江夏だったからこそだ。プライドが高い人間だからこそ、プライドをくすぐることがスイッチになるのだ。

人の手を借りるには、よく相手を「見る」こと

江夏とはまた違うタイプで天才だったのが新庄剛志だ。

恵まれた体躯とスター性はあるが、何よりバカがつくほどの目立ちたがり屋。いい意味でも悪い意味でも、天才的と言わざるを得ない選手だった。

私は阪神タイガースの監督をした時代に、それを日々痛感していた。

こんなタイプを「その気にさせる」ためには、たとえば江夏のように挑発的な言葉はまったく効果がない。もちろん、命令や押さえつけるような言葉は絶対にダメだ。地球は自分を中心に回っているような感覚を持っているから、従うはずがない。

こういうタイプは「おだてる」に限る。とにかく好きなようにやらせる場を用意することで力を発揮するのだ。

１９９９年のオープン戦で新庄にピッチャーをやらせたのもそのためだ。新庄に「一番やりたいポジションはどこや？」と聞いたら、「そりゃピッチャーですよ」と即答したからだ。

結果はダメだったが、あのときマウンドに立ったことで、新庄はピッチャーが何を考えて配球するかを経験で学んだはずだ。

その証拠に、それまで２割前半の打率しかなかった新庄は、翌年の２０００年から阪神の四番打者として打率２割７分８厘、ホームランも28本打ち、打点85とチーム三冠王となった。その勢いでメジャーにまで行ったのである。

豚もおだてりゃ木に登る、ではないが、新庄は江夏と違い、チヤホヤされることで乗ってくるタイプだったのだ。

つまり、その気にさせる術も、「人を見て法を説け」なのである。

そう考えると、誰かの手を借りるのは、まず、相手をよく「見る」ことから始まる。

目の前の彼は、プライドをくすぐると燃えるタイプなのか。

厳しい言葉で奮起するタイプなのか。

あるいは、おだて上げたほうがやる気を出すのか。

手探りでいい。しかし、一人ひとりを見て説くことである。

裏方を味方にできる人はなぜ強いのか

チームを支えているのは、選手だけとは限らない。

いわゆる「裏方さん」と言われる人たちの手こそ、大いに借りなければ優れた結果など出せないことも心にとどめておきたい。

私はヤクルトでも阪神でも、社会人野球のシダックスでも楽天でも、選手たちには「裏方さんへの感謝を忘れるな」と口を酸っぱくして言ってきた。

裏方さんとは、バッティングピッチャーやブルペンキャッチャー、トレーナーなどのことである。

バッティングピッチャーが練習で生きた球を投げてくれるから、バッターは試合で思う存分に力を発揮できる。

ブルペンキャッチャーが投手の肩を温めて気分を乗せてくれるから、リリーフピッチャーは試合途中からでも意気揚々とマウンドに立てる。

そして、日々トレーナーがマッサージや筋力トレーニングをアシストしてくれるからケガを回避でき、選手寿命を延ばすことができるのである。

こうした裏方さんの献身や貢献に野球選手は支えられている。

だからこそ、「お疲れさまです」「助かります」とひと声かけることがいかに大事か――。

人は評価によって動く。

裏方さんにひと声をかけることは、彼らの仕事をしっかり見て、価値を認めていると伝えることになる。そしてそんな評価があるからこそ、裏方さんも「がんばろう！」と気合いを入れて仕事に励んでくれるわけだ。

どんな世界でも、スポットライトの当たりやすい表舞台に立つ花形の仕事と、アシスト的な役割を担う仕事があるものだ。

表舞台に立てば、よくも悪くも評価を感じやすい。

だからこそ、陰でしっかり土台を支えてくれる裏方さんたちを常によく見て、声をかけ、力を認めてあげることが、チームの総合力を上げるために不可欠なのである。

「あのひと言があったから、私はがんばれた」

振り返ってみると、私がことさら裏方さんを気遣い、意識して声をかけるようになったのは、幼少期の経験が関係しているのかもしれない。

私は3歳のとき、父親を日中戦争で亡くした。

母親は私が小学生のときに二度、ガンを患った。

だから、子どもの頃から兄貴とともに私も働くしかなかった。

小学校4年のときに終戦を迎えたが、その直後から小学生ながらアルバイトの日々を過ごした。新聞配達や農家の手伝い、夏にはアイスキャンディーを自転車で売り歩いたりしたものだ。

とくにアイスキャンディー売りには思い出が多い。

1本5円。

売れるたびに私には1円のバイト料が出た。当時としては結構な金額だ。しかし、そんなに売れないし、まごまごしていると溶けてしまうので大変だった。

そんなときに、近所の顔見知りのおばちゃんたちが「克っちゃんは偉いね」「暑い中、大変だね」などと声をかけてくれながら、アイスキャンディーを何本も買ってくれた。

実のところ、アイスキャンディーが欲しいのではなく、私たち兄弟を気遣って買ってくれたのだと思う。そんなさりげないひと言が、そして心遣いがうれしくてたまらなかった。

つらくても、貧しくても、「がんばろう！」と思えた。

いろんな人に支えられて自分がいるという実感が骨身に染みた。

だからこそ、プロ野球選手になってもおごることなく周囲の支えに感謝すること、声をかけることが当然のことに思えたのだ。

貧乏や苦労は、若いときにしておくものだ。

いずれにしても、人の力を借りられない人間というのは、「自分は誰かに支えられている」という自覚がないのかもしれない。

また、私たちのように戦争や貧困が身近にあった世代と、いまの世代は大きな違いがあるだろう。しかし、よく考えてみてほしい。

振り返れば、「あのひと言があったから、私はあのとき、がんばれた」という過去が、誰しも必ずあるはずだ。

それを思い出して、職場でも周囲の人をしっかり見て、声をかけてみたらいい。

それぞれの存在価値や役割の重要さを努めて伝えることで、チームの支えはグッと太く、強くなるはずだ。

たいていの仕事は、決して一人ではできない。

しかし、大勢の力が合わされば、相当な仕事ができる。

野村の真髄 「自分は誰かに支えられている」ことを常に自覚する

6 「本当の才能」を見抜くコツ

監督という仕事の基本の〝き〟とは

一つ、質問したい。

野球チームの監督という仕事の基本の〝き〟。

監督業における最初の一歩とは何だと思うだろうか。

「優れた戦略を練ること」……? 確かに大事だ。

「効果的な戦術を考えること」……? もちろん、それも必要だろう。

しかし、監督として最も重要で、かつ真っ先にやらなくてはいけないない仕事は、それではない。

答えは、人を「見抜く」ことである。

野球には九つのポジションと打順がある。おのおのに違う役割があるのは周知の通りだ。ショートならショートに適した選手がいるし、必要なスキルがある。

二番打者にはそれにふさわしい能力がいるし、感性も不可欠だ。

その役割にフィットする適材適所の人材を置くことこそが勝利のセオリー。

四番打者ばかりを集めた某球団が力の割に勝てていないのは、そのためである。

要するに、監督というのは選手一人ひとりの適性を見抜く眼力がなければ務まらない仕事と言えるだろう。

「彼が最も活きる場所、光る場所はどこだろう?」

この視点を持って、しっかり適性を見抜く。

これが野球の監督のみならず、チームを率いるときの外せない第一歩というわけだ。

こうして見抜いて、適材を適所に配置すること。

それこそが、人を、チームを、再生させるコツでもある。

「本当の才能」を見抜く目を曇らせるもの

ヤクルトの監督時代、飯田哲也という選手がいた。

俊足を武器にセンターを守った飯田は、不動のレギュラーの座をつかんだ。フェンスによじ登って、ぎりぎりのところでホームランをアウトにして助けられたことが何度かあった。

しかし、この飯田、もともとのポジションはキャッチャーだった。

私が初めてヤクルトの監督になったとき、「足を活かした機動的な野球がしたい」と考えて、一軍、二軍を問わず足の速い選手を数名集めて走らせてみたことがある。その中に当時二軍にいた飯田もいた。圧倒的な速さで目立っていた。

しかも走り出しのよさと、飛球が落ちる場所を先読みするセンスが抜群。すぐ「この足だけでも一軍で使える」と判断した。

ところが、だ。

その飯田をよく見たら、持っていたのはグローブではなく、キャッチャーミットだったのである。

「お前、キャッチャーか」

と聞けば、「はい」と答える。

「キャッチャー、好きか」

と聞いたら、口ごもった。

問いただすと、高校時代の監督に、

「肩がいいからキャッチャーをやれ、と言われたので……」

と言うのだ。ほとほとあきれた。

高校野球では人材が少ないから仕方がない面がある。しかし、何人ものコーチや監督がいたのに、「飯田は高校時代からキャッチャーだから」と、野手向きの俊敏な才能を完全に埋もれさせていた。

「先入観」と「惰性」のせいで、見る目が曇っていたわけだ。

このことからもわかるように、人を見抜き、適材を見出すコツは「白紙の状態で人を見ろ」ということだ。

「彼はずっとあの仕事をしてたから」

「あいつはこういう役割だったから」

そんなものは前の監督、あるいは上司が間違って押し付けたことかもしれない。

企業などでも、部署が替わったら、忽然と輝き出し、大活躍をし始めた、という話はよく聞くものだ。人を見抜き、才能を引き出したいなら、胸に刻み込んでおきたい言葉は「先入観は罪、固定観念は悪」である。

ほんの少し変えるだけで、急に力を発揮し出す

ヤクルトと言えば、池山隆寛も役割を変えさせることで成功した選手だ。

池山の場合、変えた役割は守備位置ではない。バッティングである。

私が監督になる前から、池山はヤクルトのスターだった。

思い切りフルスイングして、豪快なホームランを狙うのが彼のスタイル。同時に三振も量産していたが、それも含めて、確かにファンの心を捉えていた。「ブンブン丸」などとマスコミからも持ち上げられていた。

しかし、私は彼を見ていて、チームより自分を優先するその姿勢に危うさを感じた。チームの中心選手が自分中心では、周囲がやる気をなくすことにつながりかねない。「自分の成績や見栄えを優先している」と悟ったときに、ほかの選手はその選手を手助けしようとしなくなる。チームとしての士気が乱れるからである。何より、それではバッティングセンスとスター性を持った池山という選手の将来が短いものになると考えた。

そこで、私は忠告したのだ。

「ヤクルトの中心選手であるお前が三振ばかりしていたら、チームはどうなると思う? ブンブン丸ともてはやされるのはうれしいかもしれないが、まずはそれは封印してチームのためのバッティングをしてみろ」

自分の個性を捨てろと言われたようで不愉快だったはずだ。

しかし、池山はその後、きっぱり自分を変えた。

無駄なフルスイングは避けて、チームと試合状況に適した、確実なバッティングを目指すクレバーなバッターへと変貌した。真にチームの中心選手となり、ヤクルトのチーム力を一段押し上げた立役者となった。

この池山の例も、前項で挙げたクローザーへと変貌を遂げた江夏の例もそうだが、「これがオレのやり方だ」と凝り固まったイメージから抜け出すことで、選手はこれまで以上のポテンシャルを発揮することがある。監督や指導者の仕事は、そんな「少し変えたら、もっと力を発揮できるかもしれない」という可能性のタネを発見できるかどうかにある、と私は思う。

野村再生工場のキモも、そこにあった。

力が衰えてきたにもかかわらず、これまで通りのやり方を抜け出せずにいる。その結果、他球団では「使えない」として放出されたり、くすぶる選手がプロ野球界にはたくさんいた。

しかし、それは周囲が気づいてやっていないだけ。

「ここを少し変えれば、まだまだいける。もっとよくなる」

固定観念を捨てて、選手を見て、そんな修正の方向性を「気づかせてやる」ことができないから、選手を早く殺してしまっているのである。

繰り返しになるが、思い込みや当たり前は捨てる。

その上で、適材適所を見極めるため、選手を、部下を観察してほしい。必ず、こうすれば光る、まだまだいける、という部分が見えてくるはずだ。

「見る」と「観る」、二つの目を持つことの重要性

「人を見る目」を養うことは、キャッチャーというポジションには不可欠な能力でもある。キャッチャーはほかの八人と違い、守備のとき、一人だけバックスクリーンのほうを向いている。同時に、誰よりもバッターに近い場所にいる。

目の前のバッターがどんな球を狙い、どのコースを嫌っているか――。ちょっとした構え方や投球に対する反応を見抜いて、その上でピッチャーに指示を出せなければ、的確な配球などできない。

「観察して、洞察して、分析すること」が捕手の大事な役割なのである。

宮本武蔵の『五輪書』には、「観見二眼」という言葉がある。

相手の動きを実際に「見る」のはもちろん、相手の心の動きまでも「観る」ことが大事だという意味だ。そんな意識を持つことが、人を見抜くコツだ。

難しいことではない。

「勝ちたい」「うまくなりたい」「こうなりたい」。そんな意欲があれば、当たり前にできる。たとえば、好きな野球選手がいたら、野球少年はそのプレーをじっくり観察してまねるものだ。サッカーでも、楽器でも、それは同じだろう。目標と執念があれば、子どもであろうと、自然によく見て、よくまねて、何かを得る。

私の場合は、子どもの頃から〝打撃の神様〟と言われた川上哲治さんが憧れだった。だから二軍のときから、オープン戦で巨人と当たるときは、いつも川上さんの練習ぶりを見ていた。

すると、あるとき、練習で川上さんがいつもゴルフのように、やたらと低めの球を打つ素振りをしていることに気づいた。

「なんであんなことを？」

と考えて、自分でもよくまねしたものだ。

さすがに雲の上の存在で、当時は気軽にその理由を聞きには行けなかった。しかし、まねをして何度も何度も低めに素振りをするうちにハッと気づいた。そのあとに普段通りの素振りをすると、余計な負荷がかからずに、スムーズにバットが振れるのだ。低い位置で素振りをしていると「ヒザ」「腰」の使い方、回し方がより強調されるということだ。

川上さんは、つまり下半身の使い方を体に覚え込ませるために低めの素振りをしていたのである。実際に引退後に川上さんと話す機会があり、そのことを尋ねたら、「その通りだ」と言っていた。

「こうなりたい」

「こうしたい」

そんな執念があれば、見て、考えて、何かが得られるわけだ。

ただし、私が執念を持って弱点を見抜き、分析してやろうとしても、うまくいかなかった選手が一人だけいた。

イチローである。

勝ち目がなければ「戦い方」を変えればいい

1995年、私はヤクルトの監督としてイチローがいたオリックス・ブルーウェーブ（現オリックス・バファローズ）と日本シリーズで対戦した。

イチローはシーズンを3割4分2厘の成績を残して首位打者を獲得していた。のみならず、打点王、盗塁王まで取っていた。イチローを封じない限りヤクルトが勝つのは難しかった。

「イチローの弱点を徹底的に見抜いてやろう！」

そう思って、私はスコアラーに徹底的な分析を命じた。

出た答えは、

「攻略法がない。ある程度打たれるのは覚悟してください」

だった。

では、どうすればいいか？

私はマスコミを使った。

テレビ局の取材で、

「ああいう特別なバッターは逃げたら必ず打たれる。だからイチロー攻略には危険を承知で、思い切って内角中心で攻めさせます」

とオープンに宣言したのだ。

イチローやオリックスの仰木彬監督の耳に届くように、堂々と。

そして、日本シリーズが始まると、イチローが打席に立ったときは思いっ切り外角攻めをした。テレビでさんざん内角を意識させておいて、逆を突いたわけだ。

さすがの天才も崩れた。その結果、1、2戦の2試合で7打数1安打という不振。さすがに天才なので5戦目にはホームランを打たれたが、シリーズはイチローの打率を2割6分3厘に抑えて、我がヤクルトは4勝1敗。

日本一だ。

味方や敵、戦況を見抜くことは確かに大事だ。

ただ、それは監督の仕事の「第一歩でしかない」とも言える。

人を見て、見抜いて、わかった気になるだけでは意味がない。

いかに次の二歩目、三歩目に活かすか――これが肝要なのである。

野村の真髄 先入観や決めつけを捨てると長所は必ず見えてくる

7 悩んだとき、迷ったときの腹の決め方

大勝負に勝つ人が持っているもの

優勝を決める日本シリーズの最終戦や国際大会の決勝戦など、大きな試合であればあるほど、勝負事は〝実力以外〟のところで決まる。

高いレベルで争われる勝負ほど、両チームの力は拮抗するためだ。

では、どこで勝負が決まるのか。

私は「腹を決めて勝負しているか否か」だと思う。

ひと言で言えば、〝覚悟〟である。

たとえば、野球は「判断」と「決断」の連続だ。

キャッチャーなら「このバッターなら、どのコースを狙っているか」を探りつつ、常に次の球種を決めなければならない。

監督なら刻一刻と変わる戦況を見つめながら、「ピッチャーは誰を選び、どんな作戦で相手を負かすか」という戦略を練り、戦術を決めていかなければならない。

もちろん、事前にデータを集め、相手の心理状態やクセまで分析して作戦を選択すれば勝率は間違いなく高くなる。しかし、そこまでは「判断」でしかない。

最後の最後に「これで行く！」と決める「決断」の作業に必要なのは、「何があっても責任は自分が取る！」「失敗してもかまわない！」と腹を決められるかどうか。これが〝覚悟〟である。

大事なところでミスする人間の共通点

裏を返せば、覚悟の足りないチーム、腹をくくっていない人間は、大事な局面で必ず負ける。

そんな人間には、一つの特徴がある。

「ミスを笑ってすませる」

ことだ。

私が監督になる1990年までの直近9年間、ヤクルトはずっとBクラスだった。実力も人気もない、それより何より、「覚悟」のないチームだった。

象徴的だったのはエラーをした選手の姿だ。そのあと頭をかいてヘラヘラ笑いながらベンチに戻る。周囲も笑って「ドンマイ、ドンマイ」だ。

覚悟なんて微塵もない。

真のプロフェッショナルならば、ミスや失敗は、まず「恥ずかしいこと」と感じなければ失格だ。恥ずかしいと受け止めると「二度とミスしたくない」と思うからだ。

この恥の意識があって初めて、「では、どうすれば失敗を回避できるか。改善できるか」を考えられる。「二度とあんな恥はかきたくない」と思ったときに、人は努力するのだ。

だから私はヤクルトの監督に就任したとき、選手たちの心に、まず「覚悟」を宿らせることを最初の目標とした。チームのマインドを変えることを目指したのだ。

肝心なのは何事も最初である。

監督就任直後の90年2月にアリゾナ州のユマというところでキャンプをした。ヤクルトはこの地で1978年からキャンプを張っている。

田舎町で野球しかできないという最高の環境。

そこで最初から野球漬けにしたのか？

そう思われた方もいるかもしれないが、違う。私はユマ・キャンプの初日に、まずミーティングを開いた。しかも、それは野球の話を一切しないミーティングだった。

私が最初にしたのは、こんな質問だった。

「人間は、何のためにこの世に生まれてきたと思う？」

常にチームの誰かを支えられる人であれ

全員がきょとんとしていた。

「考えたことがない」という表情だった。それならいま考えろと促して、若い選手を前に立たせて、ホワイトボードにこう書かせた。

「『人』というのはどんな漢字になっている？」

当然、「ノ」という文字を書き始めた。

そこで私は「ストップ！」と止めさせて、言った。

「そのままでは人は立つことができない。そのあと、一人の『ノ』を誰かが支えて、初めて『人』という文字になる。人は一人では生きていけないことの暗示だ。今年から私がヤクルトの監督になったが、大きな責任と覚悟を持って監督をやるつもりだ。一人が誰かを支えて人になるように、みんなも誰かを支えてほしい。そして、本気で、覚悟を決めて野球に臨んでほしい！」

野球を離れて人間学のような話を切り出したのは、「野球だけの人間になってほしくない」という思いがあったからだ。

レギュラークラスの選手でも、ほとんどが30代後半には引退する。だからこそ着実に成果を出して、引退までしっかり駆け抜けてほしいし、引退後も活躍できるような人間になってほしかったのである。

いずれにしても、就任初日に言葉でその覚悟を彼らに伝えた。選手である前に人として支えたい、支えてほしい。

そんな私をヤクルトの選手は信用してくれた。また、私も彼らを信用していた。だからこそヤクルトは再生できた。就任3年でリーグ制覇。4年で日本一を成し遂げられたのだ。

才能は「覚悟」という土の上に芽を伸ばす

つまるところ、覚悟のある上役がいれば、自ずと下の人間も覚悟を抱いてくれるものなのである。

そのために、上に立つ者は、責任の所在は自分にあること、そして部下を信用していることをはっきり明言する必要がある。

「信は万物の基となる」

これは私が好きな言葉の一つだが、覚悟を伝え、信頼関係を得なければ、選手や部下がチームのために力を発揮してくれることなどない。

「ここはお前に任せた」

「お前しかいない。頼んだぞ」

こんなひと言を監督や上司は選手や部下にしっかり伝える必要がある。人は信頼されたとき、それに応えようと奮起するものだ。責任が自覚となって、その者が持つ力を余すところなく発揮してくれるようになるからだ。

かつてシダックスという社会人野球チームを率いたことがある。

このとき、野間口貴彦というピッチャーがいた。

後に巨人入りした。150キロを超えるストレートを持ついいピッチャーだった。

都市対抗野球大会の決勝戦。実は前日の準決勝が終わった時点で、記者の前で「明日は野間口にすべてを任す」と公言した。

半分はウソである。

実のところは、野間口以外に頼れるピッチャーがいなかった。

「任す」というより「任すしかない」「心中するしかない」というのが本音のところだった。

しかし、そんなことは監督が胸に秘めていればいい。お前を絶対に信じている、任せたぞ、と伝えることが大事で、そこに責任感と覚悟が芽生え、勝利につながるからだ。

結果的に、野間口は7回から調子を崩して打ち込まれ、決勝戦は負けてしまった。

それでも私は後悔していない。野間口への信頼の言葉をかけなかったら、勝負はもっと早く決まっていただろう。

「覚悟に勝る決断なし」

かくいう私も、上に立つ人間が腹を決めてくれたからこそがんばれたという自負がある。

監督業で花を咲かせられたとしたら、そのおかげだと思っている。

西武ライオンズ（現埼玉西武ライオンズ）を最後に現役を退いてから9年間、私は野球解説者になっていた。

当時のプロ野球の監督・コーチは、ざっと見渡しても全員大学出の名門野球部出身者。田舎高校からテスト入団で成り上がった自分が監督になれるとは正直、思っていなかった。

しかし、ヤクルトから突然、声がかかった。

当時は昔ほどではなかったとはいえ、まだまだOB至上主義の学歴社会だったから、セ・リーグで戦った経験がなかった私にヤクルトから声がかかったことに驚かされた。

だから思わず、相馬（和夫）球団社長に、

「なぜ私なんですか」

と聞いてみた。

相馬社長は開口一番、

「野村さんの明快な解説をテレビや新聞で見聞きして、『これが本当の野球だ』と思った。ぜひヤクルトに野球の真髄を教えてください」

と返ってきた。

仕事は一生懸命やるもんだと思った。

監督の道は途絶えた。そう思っていた私は、実は当時、野球解説を究めようと思っていた。誰にも負けない野球解説者になってやろう。それしか道はないと考えていた。

だから、周囲の解説者に負けてたまるかと、可能な限り試合を見て、一球一球を見逃さずにスコアブックに書き込み、論理的に野球を語るスタイルをコツコツと積み上げてきた。

驚くことに、「監督の道が途絶えたから……」と突き詰めたことが、監督への道につながった、というわけだ。

見ている人は見ている。

加えて相馬さんは、「来年、即優勝など期待しない。『石の上にも3年、風雪5年』。3~5年かけて優勝争いできるチームに作り上げてください」とも言ってくれた。

私のような人間を監督に選び、しかも長期にわたってチームを任せるという覚悟を伝えてくれたのだ。

絶対にその思いに報いたい――。

心からそう思った。

自分が持つ力を、ヤクルトの再生にすべて注ぎ込もうと考えた。選手にもそれを伝えた。

そして実際に5年以内で結果を出した。

選手も監督もフロントも、やはり互いに支え合っているチームは強いということだろう。会社も同じではないだろうか。「部下がダメ」「上司がバカ」。誰かのせいにして逃げているチームは決して勝てない。あなたが変われば、部下や上司も腹を決めるかもしれない。

何度でも言うが、「覚悟に勝る決断なし」である。

野村の真髄

「人を支え、人に支えられる」。この気持ちが覚悟を生み出す

8 いい仕事をする人の「アピールする力」

野村野球で実は重視しているユーモア

いつもしかめっ面で、ボヤいてばかりいるイメージを持たれていると思うが、実のところ、私はユーモアをきわめて重視している人間である。

笑いには、人を引きつける力がある。

身構えた相手の心をふっと懐柔するのに、気の利いた冗談は欠かせない。

だから、営業マンなら日常の営業トークの中に、ちょっとした冗談を忍び込ませる人は多いはずだ。企画会議やプレゼンなどでも、笑いを取ろうと必死な人は多いだろう。

私も講演などに呼ばれた際は、意識して印象に残るような冗談を織り交ぜて話すようにしている。

あまりそういうイメージがないのは、戦力で劣る球団の監督をしていたことが長く、笑顔で冗談を言う以上に、しかめっ面でボヤくことが多かったからだろう。

もっとも、私は南海ホークス時代から一貫して、意識的にユーモアを活用してきた。

理由の一つは、劣等感だ。

「セ・リーグに負けてられるか」

という劣等感が発端である。

一生懸命がんばっても注目されない。ならば……

私が南海にいた頃、パ・リーグのチームや選手がスポーツ新聞の一面を飾ることなどまずなかった。巨人を中心としたセ・リーグが完全に主役だった。

いまに見ておれ、という気概は、どこかに常にあった。

そのチャンスが訪れたのが、忘れもしない１９６３年の最終試合だ。

当時の年間最多本塁打記録は、１９５０年に松竹ロビンス（52年に大洋ホエールズ・現横浜ＤｅＮＡベイスターズに吸収合併される）にいた小鶴誠さんの51本塁打。

その日までに私はすでに同じ51本を打っていて、最終試合でタイ記録で終わるか、13年ぶりに記録更新するかという大事な試合だった。

ここで日本新記録を出せば、明日の一面は自分だ――。

気合いが入っていた。

ところが、ピッチャーは勝負してこなかった。当然だろう。ピッチャーにとっては歴史的な記録の道化役として不名誉な記録になるからだ。

だから、私は最終打席はグッと踏み込んで、外角のボール球を思いっ切り打ちにいった。

本来ならセオリーを無視した、やってはいけないバッティングだ。しかし、そのときはすでに南海の優勝が決まっていたから、あえてセオリーを踏み外して狙いにいったのだ。

気持ちいいほどの弾丸ライナーが、ズバーンとレフトスタンド最前列に突き刺さった。

劇的な形で年間本塁打52本という13年ぶりの新記録達成を成し遂げた。

記者も殺到してきた。

「さすがに今回は一面はもらった」

そう思った翌朝だった。

新聞をドンと開くと、一面には巨人戦の結果があった——。

それだけならまだいい。

「13年ぶりの記録だから、この先10年は誰にも破られんだろう」と思ったその記録も、翌年には王（貞治）が簡単に55本打ってしまい、あっさり更新されてしまう。

賞味期限わずか1年だった。

このように、少しがんばったくらいではパ・リーグの話題は書いてもらえなかった。

そこで、「いい試合だけじゃなく、話で勝負だ。ウケる談話を残してやろう」と、ことさら意識するようになったのだ。

とくに南海でプレーイングマネージャーになって以降、私は積極的に記者と話す監督になった。すると記者はそれを記事にしてくれた。そして日に日にユーモアを意識したのだ。

一面になることは少なかったが、それなりの効果はあった。それは楽天の監督時代まで続いた。「マーくん（田中将大）、神の子、不思議の子」や「不思議の国のマー君」などなど。

あれも記者向けの談話から生まれたコピーだ。

「よく、とっさにあんなこと思いつけますね」などと言われることがあるが、違う。もちろん試合状況にもよるが、私は7回くらいになると、「今日は何を言うか」と考えていたのである。

少しくらい成績が悪くても辞めさせられない存在とは

ユーモアには組織を動かす力もある。

ちょっとした冗談によって「チームのムードが変わる」のはよくあることだ。たとえば、お通夜のように暗いムードのベンチで闘志に火がつくだろうか。しかし、ユーモアはみんなを前向きにさせる。

「やってやろう！」というチームのムードに火をつけてくれるのだ。フィールドでのプレーではなく、ベンチから送るユーモアでチームを鼓舞する選手もいた。

真っ先に思い出すのは、南海時代の大塚徹という選手である。

ある試合で、私たちは大量失点で負けていた。四番だった私も打てず、シュンとしてベンチに戻ってきた。

こんなとき、チームの中核を担う四番打者は、「お前のせいだ」と言葉にせずとも、ナインから冷たい視線を浴びせられるものだ。

しかし、大塚は違った。

うなだれた私に向かって、「いや〜、監督ほどの高給取りが打てないんだから、ボクらには無理だ。今日はもう気楽にやりましょう！」などと軽く言ってドッとベンチに笑いを巻き起こした。

ベンチのムードがグッと変わった。

こんなこともあった。プレー中に敵のベンチからヤジられるのはよくあることだが、大塚はベンチにいながら敵にヤジられていたのだ。

「おーい。大塚ーっ！　出てこ〜い！」

といった具合だ。

そんなヤジに対して大塚も切り返す。

「おお！　なんか用かー！」

試合とは一見、まったく関係ないやりとり。しかし、こうしてチームの雰囲気は盛り上がり、試合に出なくても代打で1安打するほどの価値をもたらした。

だから、ある年のシーズンオフにチームが大塚徹を解雇しようとしたとき、私は会社に言ったのだ。

「やめてくれ。ベンチにいるだけで彼はかけがえのない戦力だ」

結果として解雇を取り消させることができた。そして、大塚は翌シーズンも大活躍してくれた。ベンチから、口を使って。

ビジネスの世界でも同じタイプはいるはずだ。

ムードメーカー。それはチームで戦う以上、不可欠な存在であり、また上に立つ人間はその価値に気づかないといけない。

フランクに言い合い、聞き合える関係を築くコツ

もう一つ、ユーモアの効能は「コミュニケーション」である。

監督と選手、上司と部下。

こうした関係性の中でものを言い合い、聞き合える関係性が築かれていることは、優れた組織の必須条件と言える。

そのために、飲みニケーションという形で、積極的に宴席を設ける会社やチームは多い。

しかし、私は監督時代、選手と食事に行くことはほとんどなかった。

とくに他意はなくて、呼ばれない選手がそれを見たら必ず嫉妬するからだ。

それはチームに軋轢を生む芽になる。

余談だが、私は選手時代、結婚して初めての正月に鶴岡監督の家に年賀の挨拶に行ったら、ほかの選手たちがわいわいと賑やかに盛り上がっていたことをいまでも忘れない。私だけ呼ばれず、そのときですら宴席に招き入れられることはなかった。……またボヤいてしまった。

話を戻すと、監督は選手の声には耳を傾ける必要がある。

ただし、選手のほうから監督など上の人間に話しかけるのは気が引けることもある。

そこで私は、普段からグラウンドで冗談をはさむことを意識するようになったわけだ。

練習中の選手に向かって「覇気がないのう。ゆうべ、かあちゃんに振られたか?」なんて具合だ。「違いますよ」「なんで?」と選手も言い返しやすくなる。

そこから会話が生まれる。笑いが関係性のハードルを下げるわけだ。

心を動かす言葉は短いほどいい

ナポレオンは「人間を動かすには二つのテコがある。恐怖と利益である」と言ったらしい。

確かにそうだ。

しかし、リーダーが組織を動かすときの潤滑油として必要なものは、もう一つある。

「ユーモア」だ。

では、ユーモアには何が必要か?

やはり知識だろう。

後ほど詳しく説明するが、私は草柳大蔵という評論家と出会えたことで自分の無学を知り、本を読みあさるようになった。

哲学書や経営書、歴史書など、それらがユーモアを考えるヒントにもなった。

加えて、「言葉の力」というのも感じた。

それらの思想家や歴史家、経営者の優れた言葉は、常に簡潔でわかりやすいからだ。笑いに限らず、心を動かす言葉というのは短くて明瞭だ。

ちなみに私がキャッチャー時代に相手のバッターにボソッとささやいて動揺させた「ささやき戦術」も、ひと言で短くズバッと言うほうが効く。

そもそも、ささやき戦術は、私が若かった頃に阪急のベテランキャッチャー山下健さんにやられたことが発端だ。私がバッターボックスに入ったとき、彼が小さな声で、

「お前、構えを変えたのか」

と言ってきた。

「えっ、変えたつもりないけど、なんで?」

と気になっているうちに三振していた。

いまでこそユーモアを交えて話せるが、当時はとても笑えなかった。

野村の真髄

苦しいときほど下を向かずに〝遊び心〟を意識する

Ⅲ 動じない心の保ち方

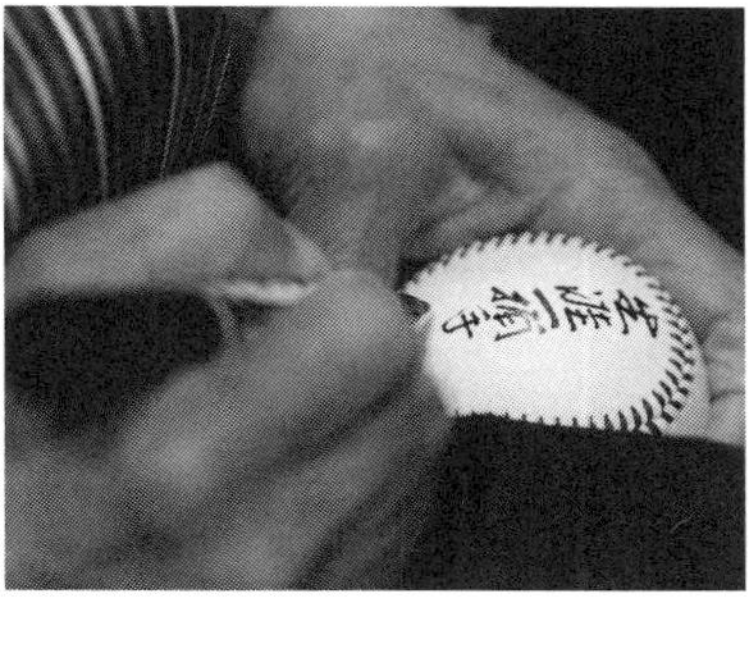

9 プレッシャーに強い「図太い神経」の正体

なぜ、あの選手はプレッシャーに強いのか

昨今、魅力的なチームや選手がいなくなった日本の野球界で、私が評価している選手がいる。ファンと言ってもいい。

埼玉西武ライオンズの森友哉である。

２０１４年、高卒ルーキーとして一軍に初めて上がった試合から3試合連続でホームランを打ち、２０１５年のオールスターでも堂々ホームランを放った。

オールスターでホームランを打った10代は清原和博以来、史上二人目だという。

たいしたものだ。屈強な下半身と、しなやかな筋肉から繰り出されるスイングの速さが

まず魅力的だ。

そして何よりも、森はプロ初打席も含めて「打席で緊張したことがない」と公言しているようだ。まったく、たいした大物である。

自分を顧みると、とても考えられない。

私が最初に一軍に上がった初打席は、森と同じ19歳だった。しかし、正直なところ、大阪球場のバッターボックスに立った瞬間に、全身がガタガタ震えていた。

プレッシャーである。

「ここで打てばレギュラーに入れる！」

そんな気負いが体を硬くさせたのだ。

声援を送ってくる球場の観客はおろか、日本全国1億人の目が自分に向けられているような錯覚に陥った。

結果は、3球三振――。

ただ、私の時代は、二軍から上がった普通の選手なら、初打席はみんな真っ青な顔で、緊張を絵にして額に入れたような状態だった気がする。

まったく時代は変わったものだ。森はプレッシャーや気負いを簡単にはねのける〝図太い神経〟を持っているのだと思う。圧倒的な強みである。

先述した通り、野球に限らず、勝負事は「判断」と「決断」で決まるものだ。

判断はデータや先例を基準にして、正しい答えを見つけること。

しかし、決断は基準がない中、ハートで「コレだ！」と決めて動くことだ。

「すぐに緊張してしまう」

「大舞台になるとプレッシャーに弱い」

そんな人間は決断ができない。頭で答えが見えていても、動けない。

か細い神経の人間は、だから勝負事には勝てないのである。

しかし、克服法はある。

〝開き直る〟ことだ。

本番で勝てなかったブルペンエースにかけたひと言

「ブルペンエース」という言葉がある。

投球練習するブルペンでは素晴らしい球を投げ込む。ところが、本番の試合のマウンドに立った途端、緊張でコントロールが狂う。そんなブルペンだけで光るピッチャーのことだ。

本来、プロの世界でピッチャーをやる男など、自惚《うぬぼ》れ屋でお山の大将ばかり。緊張などしないタイプがほとんどのはずだ。

たいていが小・中・高と花形のポジションを担い、周りからチヤホヤされてきたものだから、「オレが、オレが」という性格になっていく。

しかし、なかにはプレッシャーに弱く、ブルペンエースと揶揄《やゆ》される投手も少なからずいる。

1993年、私が監督をしていたヤクルトに入団した山本樹《たつき》という投手は、まさにそれだった。

豪快なフォームの左腕。試合前のブルペンでは惚れぼれするようなストレートを投げる。監督としては、何がなんでも使いたくなるわけだ。

ところが、期待してマウンドに上げると、山本は毎回、力の半分も出せずにボコボコに打たれていた。

ブルペンで見せていたすばらしいストレートは見る影もないノーコン投手になり果てる。

生来の気の弱さから、山本は本番で極度に緊張するタイプだった。そして、浮かんだマイナス思考に引きずられてコントロールが定まらなくなるのである。

「打たれたらどうしよう」

「チームに迷惑をかけたくない」

そんな思いから、ブルペンで見せたピッチングは鳴りを潜め、ボコボコに打たれるわけだ。

よく言えば、優しい、繊細なタイプとも言える。しかし、チームとしては困ったものだ。

どうしたか?

「バイバイだ」

と伝えたのだ。

気の弱い選手をこう開き直らせた

しかし、現場を任された監督としては、そう簡単にバイバイとは言えない。だから、マウンドに立つと怖がってノーコンになる山本に対して、最初はいろいろ奮起させるような言葉を投げかけた。

「バッターなんか見ないで、的当てのつもりでキャッチャーミットに放り込め！」

とか、

「打たれてもお前の責任じゃない。使ったオレが悪いんだから、気にせずにただ投げろ」

とか。

プレッシャーに弱いため、プレッシャーをかけないような言葉をかけたわけだが、どれも不発。万策尽きた3年目のことだ。

私はあることを思い出した。昔、サンフランシスコ・シールズという3Aのチームが来日して、全日本選抜や巨人、そして全東京六大学選抜など日本を代表するチームと対戦して全勝して帰ったことがある。

そのシールズの監督だったフランク・オドールが、日本の野球関係者を呼んだ懇親勉強会のようなものをホテルで開いたことがあった。

そのとき、ある日本のコーチが、

「ボールを怖がるような気の弱い選手は、どのように指導すればいいのか」

と尋ねた。

オドールはたったひと言、こう答えた。

「バイバイ（さよなら）だ」

要するに「教えようがないよ」ということだった。

そのときはそう思った。

オドールの言葉を思い出しながら、神宮球場での巨人戦の試合前、私は山本に最後通告を出した。

「今日ダメだったら、お前はクビだ。バイバイだ。ただ、子どもが生まれたばかりだろう？その子のために必死になってやってみろ。一軍で勝つ姿を最後に見せてみろ‼」

何を言ってもプレッシャーに感じる山本に、むしろ、より強いプレッシャーをかけたのだ。

荒療治である。

ところが、それが驚くほど効果があった。

その日、山本はブルペン以上の投球で巨人打線を6回までパーフェクトに抑えたのだ。以降、ヤクルト投手陣の柱の一人となった。

「どうせ最後だ。思い切りやってやる」

「バイバイ」のひと言を、むしろ発奮材料にしたわけだ。

もしかしたら、オドールが教えてくれたのは、「教えようがない」という意味じゃなかったのかもしれない。最後通告をするようなカンフル剤を与えよ、ということだったのか。

いずれにしても、選手の育成や再生は「自信を持たせること」に尽きる。

自信がない選手は、力があっても、それを出せないからだ。その後ろ向きな考え方を変えるきっかけを与えれば、自らを縛り付けていた鎖を外すものなのだ。

いま、山本は母校の龍谷大野球部で監督をしているが、選手たちに「失敗は成功の母だ。何点取られても責めないから、好きなように投げろ」と言っているそうだ。

開き直った人間というのは、実に強いものである。

つい力が入ってしまう自分の抑え方

追い詰められた人間は、開き直り、強くなる——。山本だけでなく、私自身もそれを実感している。

前述したように、プロ1年目、打席に立っても緊張してまったく打てなかった。9試合で11打数0安打1得点5三振。

あらためて見ても、ひどい成績である。

だから2年目の契約更改をするときに、球団に呼ばれて「クビ宣告」されたのだ。球団の部長からは「わしらにはわかる。お前には素質がない」と言われてしまった。

ショックだった。

夢を持って京都の片田舎の網野町から出てきた。家族・親戚や友達はもちろん、町長や野球協会の会長から万歳三唱で見送られた。

プロになって稼いで、貧乏だった母親に恩返しするつもりだった。

それが、何もせずに帰ることに。

悔し涙が自然とこぼれ落ちた。

気がついたら、部長の前で言っていた。

「こんな格好でクビにされたら田舎にも帰れない。就職難で就職できるはずがない。僕はこのまま球団の親会社の南海電鉄の電車に飛び込んで自殺します！」

たちが悪いが、意外と神経が図太かったとも言えるだろう。

その本気具合が通じたのか、部長は「ちょっと待っとれ」と呆れ顔で部屋を出て10分後に戻り、「仕方ない。もう1年、面倒見たる」と言われた。

なんとか踏みとどまれたわけだ。

一度はクビを宣告されたのだから、その後は開き直るしかない。

先輩や敵選手までも含めて、バッティングのコツから守備のコツまで聞きまくった。

もっとうまくならなければ、素質がない自分はまたクビになる。

そう思っていた。

だから、みんなが試合後に遊びに行く夜も、一人で寮の庭で素振りを続けた。毎晩毎晩、一升瓶に砂を詰めて、体を作るために筋トレを繰り返した。

そこからだった。

おもしろいことに、こうしてガムシャラに野球に打ち込んでいくと、「打ってレギュラーになる！」などという〝欲〟が薄れていくのを感じた。

余計なことに頭や心を奪われず、一球一球の勝負に一心不乱に向かうようになった。すると、バッターボックスで緊張しなくなったのである。

わかるだろうか？

要するに、緊張やプレッシャーを感じるような心理の根っこには〝欲〟があるのだ。考え過ぎて緊張するのは、「勝ちたい」「成功したい」という欲求が強いからだ。

強い欲を持つことは必要だ。勝負師になくてはならない活力になるからだ。

しかし、勝負を前にしたとき、そんな欲が体をこわばらせる。

「負けられない」と力むと、ピッチャーならそのぶん、フォームが変わってしまい、コントロールが定まらなくなる。バッターは踏み込みが狂い、バッティングがブレる。

欲が強過ぎると、人は肩に力が入り過ぎ、やるべき仕事が少しずつ〝ズレる〟のだ。

「勝負事において、欲は大事なモチベーション」になる。しかし、試合で勝つには、その欲から入っても、〝欲から離れる〟必要がある。

本当は図太い人間などいない。いるのは……

欲から入って、欲から離れるとはどういうことか？

どうすれば、それができるのか？

南海時代、鶴岡監督が私にいい忠告をくれたことがあった。

ある試合のとき、空振りする私を見て、「タイム！」といって鶴岡監督がわざわざバッターボックスまで歩いてきた。そして言うのである。

「お前な、打撃ってのは『ボールよう見て、スコーン！』だ」

最初は面食らった。プロの監督の指示が、「よう見て、スコーン」である。

しかし、考えてみたら正解だったのだ。

バッティングのコツを先輩に聞くと、口を揃えて「タイミングだ」と言う。

なるほど。しかし、実際にどうタイミングを取ればいいかはまったく見えてこない。もちろん、打ちたい気持ちは人一倍ある。いろんな邪念が渦巻いて、体が動かなくなっていたわけだ。

しかし、ボールをよくよく見ると、それが変わった。

意識してじーっとボールを見ると、不思議とタイミングが合ってくる。

じっと見たまま、踏み込む。腕を振る。打球が伸びる……。

要するに、本当に目の前のことに集中できていたら、欲など抱くヒマはなくなるのである。やるべきことを粛々とやらざるを得なくなるからだ。

もちろん、それは野球に限った話ではない。

そう考えると、本当は図太い神経の人間などいないのかもしれない。

目の前のやるべきことに集中できる。

そういう人間は、自ずと緊張せずに力を発揮する。

成果は自然にあとからついてくるのである。

野村の真髄

〝結果〟より〝いま〟に集中すれば不安はなくなる

10
地頭のいい人は、何を学んでいるか

仕事における「地頭のよさ」とは

かつては頭の回転が速い人、知識が豊富な人を指して「頭がいい」と言った。
ところが、少し前から「地頭がいい」という言葉を聞くようになった。
地頭がいいとは、いったい何なのだろうか？
対義語を考えれば、きっと「バカ」であるに違いない。
それならば、私は選手たちによく言ってきたことがあった。
「野球バカにはなるな！」
だ。

「○○バカ」とは、何かに夢中になっている人間のことを指す。

愚直に一つの道に秀でることを指す意味があるためか、いい意味で使われることが多いが、何かに夢中になっている人間は視野が狭くなるものだ。

つまり、バカは自分の立場でしか物事を見られなくなるのである。

野球はそれでは勝てない。

ピッチャーならバッター。

バッターならバッテリー。

相手の心理を読んで判断して初めて状況に対応できるからだ。

自分の目でしか物事を見られないバカでは、勝負に勝てるはずがないのだ。

裏を返せば、「地頭がいい」とは、「相手の立場に立ってものを見られる」ということになる。

視座が高く、視野が広い。

だから、目の前の相手が「何を嫌がっているか」、あるいは「何を求めているか」が判断できる。

それができれば簡単だ。

野球なら相手が嫌がるコースを攻めればいい。ビジネスなら、お客さんが求めることをすればいいのではないだろうか。

相手の気持ちをおもんぱかれる地頭があれば、どんな世界でも成果につながる。

そんな視野の広い頭のよさを手に入れるには、「三人の友」を持つことから始まる。

「予備知識は重いほどいい。先入観は軽いほどいい」

何かの本で読んだ記憶があるが、人間は三人の友を持てば人生が幸福になる、という。

一人は「人生の師となる友」。

もう一人は「原理原則を教えてくれる友」。

そして最後が「直言してくれる友」である。

この三人の友が、人生を幸福にする〝知恵〟を授けてくれるというのだ。

私の場合、まず最初の「師となる友」として、評論家の故・草柳大蔵さんと出会えたことが大きかった。

45歳で現役を引退して野球評論家になったときだ。

当時は講演会ブームで、私のような元野球選手にまで経営者向けの講演会の依頼がよく届いていた。

しかし、そんな場で何を話せばいいのだろうか？

頭を抱えているのを知った女房のサッチーが、「いい人がいるわよ」と紹介してくれたのが草柳さんだった。

東京帝国大学（現東京大学）を首席で卒業して政治・経済・哲学に精通していた知の巨人。著書を出せばヒットし、テレビでも活躍していた超売れっ子であった。

その草柳さんのご自宅にまで伺い、私は率直に聞いた。

「先生、評論家とは何を話せばいいのですか？」

すると、「ついてきなさい」と二階の書庫に連れて行かれた。

書庫には、列をなした書棚にびっしりと本が並び、その迫力に思わず「全部読まれたんですか？」と尋ねたことを覚えている。それまで本を読む習慣がなかった私には、数千冊にも及ぶ本を読む神経がわからなかった。

そこで思想家の安岡正篤の本や『老子』などの古典を何冊も私に手渡しながら、草柳さんが言った。

「予備知識は重いほどいい。先入観は軽いほどいい。まずは本を読んだ上で、これまで経験してきた野球の話をしなさい」

野球人としての寿命を延ばしてくれた読書法

的確なアドバイスだった。

当時、経営者向けの講演会だからといって、無理して知らぬビジネスの話などするとボロが出る。

しかし一方で、私には誰にも負けない野球人としての経験があった。

テスト生から這い上がって、プレーイングマネージャーにまでなった経験を持つ人間は広い野球界でもきわめて稀だった。

「だから、野村さんは野球のことだけ、まず話せ」

というわけだ。

その上で、「よき本に書かれた原理原則を学べ」と言う。

原理原則とは、平たく言えば、どんな物事でも当てはまる「当たり前」のこと。野球でもビジネスでも、人生においても共通する普遍的な真理だ。

良書を読み、知識を積み上げれば、経験を語るにも深みが出る。または故事成語を語るにも血肉が宿る。「言葉の伝わり方が変わる」ということだ。

実際、私はむさぼるように本を読んだ。気になるところは赤ペンを引いて何度も読み返した。

たとえば私は、よく野球の勝敗に関して、

「勝ちに不思議の勝ちあり、負けに不思議の負けなし」

と言う。それは長年の野球人としての経験から実感しているものではあるが、そのときに読みあさった本の中の、ある剣術書にあった言葉である。

故事成語は自らの経験と合わさったとき、多くの人の腑に落ちる〝原理原則〟となる。

要は、二つ目の「原理原則を教えてくれる友」は草柳さんから紹介されたような本。加えて、野球人としての経験の両輪と言えるだろう。

草柳さんのアドバイス通り良書をむさぼり、自らの経験と併せて語ることで、私は野球評論家として多くの人に伝わる言葉を手にしたという自負がある。

だからこそ、シンキング・ベースボールと名づけた「考える野球」のおもしろさを、テレビや新聞、あるいは講演などを通して伝えることができたと思っている。

その結果、縁もゆかりもなかったヤクルトに呼んでもらって、監督を任されるようになった。

二つの友に視野を広げられ、野球人としての寿命を延ばせたわけだ。

そして、最後の友。「直言してくれる友」だ。

それは、いまも昔も、女房であるサッチーだろう。

耳の痛い話をする友こそ大切にせよ

「なんであのとき、ピッチャーを代えなかったの?」

「どうして、あのタイミングで、ヤクルト時代の話をしなかったの?」

試合での采配はもちろん、テレビでの振る舞いまで、女房は何かと私に意見をくれる存在だ。

もちろん、ほとんどダメ出しである。しかも歯に衣着せぬ全力の直球を投げつけてくる。荒れ球も多い。

しかし、直言してくれる友こそ、大切にしなくてはならない存在なのだ。

普通、人は耳に痛い話を聞きたくないが、言うほうだって言いたくないものだ。誰しも余計なことを言って嫌われたくはないからだ。

それを乗り越えて苦言を伝えるということは、本当に相手のことを思っていなければできないことである。

また、耳の痛い話をされる側にとっても、「他人は何を、どう考えているか」という貴重な意見をもらえるチャンスでもあるのだ。

結局、地頭のいい人が最後に勝ち抜ける

私自身も監督時代は選手に対して直言するようにしていた。

怠惰な選手、頭を使わない選手に関しては、面と向かって言った。

「アホか」

「こうせい」

「それじゃあダメだ」

それは単なるイヤミでも、ボヤキでもなく、いわば友としての直言だ。

しかし、阪神の監督時代にオーナーに、

「オーナーが選手を甘やかしていたら、いつまでも勝てない。組織はトップの器以上には伸びないと言いますからね」

と直言したら、えらく怒られてしまった苦い経験もある。

しかし、それでも苦言を伝えるのは、「チームのため」という意識である。

原理原則で言えば、人はすべて自己愛で生きている。

人は行動の中に、どうしても「自分のため」「自分はこうしたい」と強い欲求を内に秘めているものだ。

だからこそ、団体競技で勝つなら、「チームのため」と意識を変えなくてはダメなのだ。

地頭の悪い選手はそれがわからない。「よい個人成績を上げればチームの結果はついてくる」と考えて、打率だ、本塁打数だと個人記録ばかり狙う。
もちろん、少しは組織の結果にもつながるだろう。
しかし、そんな態度の選手を見て、周りがそれに協力したいと思うだろうか？
自分の成績は横において「確実にランナーを送ろう」と犠牲バントができるバッター。
そんな選手にこそ周りは感謝し、自然に協力しようとする。
互いが互いを支え合えるわけだ。
チームでも、会社でも、地域でも――。
友を見つけ、友として振る舞うこと。
そしてよき本を熟読すれば、地頭などすぐによくなる。

野村の真髄

「体験」から学び、「本」から学び、「人」から学ぶ

11 揺るがない心を作る「口グセ」

口グセが人の行動を左右する

誰しも、よく使う〝口グセ〟というのがあるものだ。

これが思いのほか人の行動を左右する。

「言霊《ことだま》」などと言われるように、人の行動は自ら発した言葉に引っ張られるからだ。

つまり、口グセが前向きな人間は、前向きな思考や行動を取る。

逆に後ろ向きな人間は、後ろ向きな思考や行動を取ってしまうのだという。

私の場合は、完全に後者である。

後ろ向きな言葉をよく吐き、思考もどこか悲観的だ。

私の代名詞とも言える「ボヤき」などはその象徴と言えるだろう。

これはポジションのせいでもある。

ご存じのように、現役時代は一貫してキャッチャーを務めてきた。

キャッチャーとは毎試合、完全試合を狙ってマスクをかぶるものだ。

そして、「あいつはこう攻めれば打てないはずだ」と打者一人ひとりに対して策を練らなくてはならない。いわば危機管理の仕事だ。

危機管理というのは、まず「これなら万全だ」と理想的な姿を思い描いておいてからでないとできないものである。

そして理想は、ほぼ毎回、あっけなく打ち砕かれる。

配球ミスもあるし、ピッチャーがこちらの狙いと違う球を投げるときもある。

完全試合など夢のまた夢となるわけだ。そして、また悲観的になる――。

ちなみに私は3017試合に出場し、そのうち2921試合でマスクを被ったが、完全試合はおろか、ノーヒットノーランすら一度も経験したことがない。

つまり、キャッチャーは毎試合毎試合、理想を現実に打ち壊されてしまうわけだ。

だから、「またやられたわ」「アホくさ」とボヤく。

それは監督になっても同じだった。

選手、とくにキャッチャーにはよくボヤき、また厳しい言葉を投げかけ続けた。

加えてキャッチャーに対しては、もう一つ、こんな口グセがあった。

元ヤクルトの古田（敦也）にせよ、楽天の嶋（基宏）にせよ、彼らにはよくこう言ったものだ。

「〝根拠〟は何や？」

と。

その選択の「根拠」は何なのか

キャッチャーが配球をリードするとき、選択肢は大雑把に16通りある。

「内角か、外角か」

「緩いか、速いか」

「高めか、低めか」

「ストライクか、ボールか」

以上四つのペアを組み合わせた16通りである。

そこからどんな組み合わせを選び、ピッチャーに投げさせるかは、監督ではなくキャッチャーのサインにかかっている。

「野球はドラマだ」と言われることがあるが、それならキャッチャーは「脚本家」と言っていい。

いまは何回か？　得点差は？　ボールカウントは？

状況をまずしっかり頭に入れる。

その上でバッターの目の前をボールが通過したとき、どんな反応をしたか、どんな心理状態でいるかまでを観察する。

その結果、初めて「なら、次はこの球だ！」と16通りあるうちの一つを選択して、ピッチャーにサインを出せるのである。

本来は、それだけの葛藤があって、ようやく配球を決められるわけだ。

ドラマを左右する大事な脚本である。

だから、私はキャッチャーの配球に、必ず「根拠」を問う。

「どうして、さっきカーブを投げさせた？」

「なぜ、インコースを要求したのか？」

「そのリードをした〝根拠〟は何だ？」

といった具合だ。

それに対して、「なんとなく……」「いや、直感です」などと答えてくる相手は、こっぴどく叱ったものだ。

たとえその配球がズバリはまったとしても、根拠なき選択は次に活かせないからだ。

これもよく言う口グセの一つだが、「結果よりプロセスが大事」なのだ。

いい結果に至ったプロセスが明快なら、また次もいい結果を出せる。しかし、適当なヤマカンで〝当たった〟結果には再現性がない。意味がないのである。

たとえば古田には、「バカタレが！　お前のそのサインにオレのクビがかかっているんだぞ」と何度詰め寄ったかわからない。

古田は「あのヤロー！」と思っていたはずだ。

しかし、だからこそ彼は「なにくそ！」という悔しさをバネに力をつけていったのだと私は思う。右目で球を受け、左目でバッターを見る観察眼を手にして、洞察力・記憶力を駆使できる、いいキャッチャーに育ったのだ。

これは野球以外の仕事でも同じではないか。

「結果さえ出せばいい」とばかりに、プロセスをおろそかにする風潮がないだろうか。

しかし、「なんとなく」「根拠なく」働いていたら、いくら結果を出しても、いま以上は望めない。私はそう考える。

成長し続ける人の小さな習慣

もう一つ、選手によく使ったのが、「とは」という言葉である。

「野球とは」「勝負とは」「バッティングとは」何か？

物事に関して、しっかり問題意識を抱き、自らの頭で考えているか。それを問う意味で、常に「～とは何か？」を問うてきた。

しかし、ほとんどすべてのプロ球選手が、こうした問いに答えられなかった。

「野球とは?」と聞いても、頭に「?」だけが浮かんでいる。

それは「考えていない」ということだ。

私は、その大切さをアマチュア野球からあらためて学んだ。

社会人野球のシダックスの監督を3年間務めていたが、彼らの「野球を学びたい」という姿勢は怖いほどであった。社会人野球の選手たちは、私たちプロを「野球博士」くらいに思っている。

オープン戦のとき、相手チームの監督、コーチに呼び出されて、「選手に効果的な練習法とは?」「野球における監督の役割とは?」と、「とは」「とは」「とは」のオンパレードで質問攻めにあったものだ。

正直なところ、私ですら答えに窮することがあった。

おかげで「野球とは?」「監督とは?」という本質的なことをあらためて自分自身に問い、自分の考えをまとめ直すことができた。そして他人に伝えられる言葉を手に入れることができるようになった。

それ以前よりも、確固たる自信を持って監督業ができるようになった。

いま、あなたは答えられるだろうか。

「自分の仕事とは？」

「プロフェッショナルとは？」

「人間とは？」

という問いに。

即答できたら上出来だ。

できなかったら、いまから口グセにして考えればいい。

言葉の力は、強い。

「根拠は？」「とは？」と言い続けるうちに必ず思考が変わり、行動が変わり、自分自身を向上させてくれるはずだ。

逆に、言葉の力が強いだけに、禁句もある。

妥協、限界、満足である。

「この程度でいいや」

「そろそろ限界だ」

「もう十分だな」

そんなふうに自分の器を小さく見積もるようなことばかり言っている者は、本当に小さな器になる。

自分の言葉で自分の成長を止めているようなものなのだ。

野村の真髄
仕事とは？　自分とは？……自分の言葉で語れる人であれ

Ⅳ リーダーとしての才覚

12 チームを強くできるリーダーの条件

優秀な選手＝優秀なリーダーとは限らない理由

優れたリーダーシップを取る人間が少なくなった。

最近、そんな声がよく聞こえてくる。

私のもとにも「リーダー論」をテーマにしたインタビューや講演の依頼が増えた。

そんなとき、私が必ず言うのが「組織はリーダーの器以上にならない」という持論だ。

つまり、いまビジネスの世界、または日本全体にいまひとつ元気がないのだとしたら、小粒なリーダーもどきしかいないから、なのではないだろうか。

残念ながら、それはプロ野球界もまったく同じ状況である。

では、優れたリーダーとは、どんな人物を指すのだろうか。

私はリーダーに必要な条件とは、「この人についていこう！」と思わせる〝信頼〟があるかどうかに尽きる、と考えている。

「信は万物の基をなす」である。

それは単に「優れた技術を持つ選手」「すばらしい成果を上げている人間」ではない。

信頼は、頭のよさや知識の深さだけでは得られない。

要は「人間として尊敬できる人物かどうか」ということだ。

川上（哲治）さんが率いた昔の巨人が圧倒的な強さを誇った理由もそこにある。周囲の信頼と尊敬を集めるリーダーが二人もいたからだ。

そう、王と長嶋のことである。

ＯＮが尊敬されたのは野球のうまさからではない

868本の本塁打世界記録を成し遂げた王貞治と、天才的なセンスと派手なプレーで日本中をとりこにした長嶋茂雄。

ONと呼ばれた彼らは、その華々しさから〝天才〟と思われがちだが、違う。〝天才的な努力家〟なのである。

たとえば、王とはお互い現役の頃に偶然、銀座の店で出くわしたことがあった。たまには腰を据えてバッティング談義をしよう。そう思って二人で話し始めたのだが、しばらくすると王は「ノムさん、お先に失礼します」と早々に席を立った。

王は新人の頃からほぼ毎日、荒川博さんという一本足打法を伝授したコーチのもとで素振り練習を続けていた。

どんなに飲んでいても、疲れていても、練習を休まなかったのだ。

長嶋も、ああ見えて努力の塊のような男だ。

かつて巨人から南海に移籍した相羽欣厚《あいばよしひろ》という選手がいたが、彼はよく言ったものだ。

「巨人では長嶋や王が誰よりも率先して猛練習する。あのレベルの選手が先頭に立って練習していたら、私たちみたいなぺーぺーはとても手を抜けない」

と。これぞ川上巨人の強さの秘密だ。

ONの打撃力ではなく、こうした手本となるような人間性。

率先垂範でチームの意識を変えていくようなリーダーシップこそが、巨人をＶ９にまで導いたのだ、と私は思う。

技術を磨く前に人間力を磨く

もっとも、信頼に足るＯＮのようなリーダーを育てたのは、監督の川上哲治さんであったとも言えるかもしれない。

ＯＮのような実力者であり、人格者がいるチーム。しかも一番から九番までがキラ星のように、それぞれが自らの役割で輝く選手がいるＶ９時代の巨人軍を川上さんは率いた。

「あれだけの選手が揃っていれば、誰だって勝てる」

そう揶揄する者もいた。

確かにＶ１かＶ２くらいはできるかもしれない。

しかし、９年間も連続優勝させることなど、凡人にできるはずがない。

だから私は、同じキャッチャーとして親交があった森昌彦（祇晶。後に西武ライオンズなどの監督）に、最初に監督になったときに聞き出した覚えがある。

「川上巨人の強さの秘密は何だ？」

と。

すると森は、「とにかくミーティングをよくやる」と教えてくれた。

しかも、その内容は野球に関することではなかったと言う。

「人間とは何か？」

「社会とは何か？」

まさに前項で言った、「とは？」という人の世の原理原則を探るような、人間学、社会学を選手たちに考えさせていた、というわけだ。

考えてみれば、川上さんは福井県の永平寺にしょっちゅう行って座禅を組み、修行するような人だった。よき野球人である前に、よき社会人、よき人間であることが大事だと誰よりも実感していたし、実践していた。同じ思いを、あのすばらしい能力を備えたＶ９時代の巨人のメンバーに伝えていたのだ。

「人間として尊敬できる人物」に、監督が率先して近づこうとしていたのだろう。

そしてチーム全員が、その背中を見ていた。

いつまでも私が目指す組織作りの基本が、川上巨人にはある。

リーダーに必要な三つの条件

中国の呂新吾《りょしんご》という思想家も、リーダーの資質として順番に三つ挙げている。

最もリーダーに適している人物は「深沈厚重《しんちんこうじゅう》」な者。

これは物事に動じない、どっしり落ち着いた人間、という意味だ。

2番目が「磊落豪雄《らいらくごうゆう》」。

これは小さなことにこだわらない人物だ。

そして3番目にリーダーに適しているのが「聡明才弁《そうめいさいべん》」。

才能があり、弁の立つ人間である。

わかるだろうか？

リーダーというと、能力があって、言葉で人を動かす者がなるように思われがちだ。しかし、本来、そんな人材はリーダーの資質として三番手程度でしかない。

むしろ、あれこれ指示を出したりせず、自らの言動や所作で人を動かす。いわば「背中」

を見せることで周囲を引っ張る者が真のリーダーになれるわけだ。

ちょっとした所作に人間性が表れる

そもそも言葉よりも背中や所作は、何より人の性格を表すものである。

たとえば、南海時代にチームメイトとなった江夏豊はその好例だった。力強いピッチングで、いかにも「豪胆な男」に見える。

しかし、彼ほど繊細な男はいない。

もちろん、本人がそう言ったわけではない。しかし、私はマウンドでの江夏のロージンバッグ（マウンドに置いてある、滑り止めの袋）の使い方を見て、それを確信した。

ピッチャーはたいてい、これをポンと地面に放り投げる。しかし江夏はロージンバッグを投げずに、いつも丁寧に地面に置いていたのだ。こまやかな神経を持った繊細さの証拠だ。

また、練習が終わったあとなどに四、五人で雑談することがあった。その中に江夏も入っていたわけだが、ついさっきまで上機嫌で話していたのに、突然ムスッとした表情で席を立つようなことがあった。あとで私が「どうして急に不機嫌になったんだ?」と尋ねると、「ある選手の言葉が気にさわったからだ」と言う。

「そんなもの、その場で直接言えばいいじゃないか」と笑い飛ばしたし、「お前がそんなことを言えた義理か」とも思ったが、こうした不器用な繊細さこそが江夏の本質なのだ。

だからこそ、大胆ながら緻密な投球ができたのだ。

そんな江夏は実に優れたピッチャーだったが、リーダー向きのタイプではないということだ。

楽天・山﨑が「背中」で見せたナイスプレー

では、よきリーダーの所作を見せるのは、誰か?

最近なら群を抜いて山﨑武司（元楽天など。現野球解説者）だ。

球団誕生初年度にシーズン97敗した翌年から、私は楽天の監督としてチームを立て直すことになった。

当時の楽天は寄せ集めの選手ばかりの上、負けグセがついていた。

「どうせ……」

「しょせん……」

「こんなものだ……」

妥協、限界、満足という敗者のメンタリティーに、選手の一人ひとりが支配されていた。そんなチームに、ことあるごとに闘争心という名の火をつけたのが山﨑だった。

山﨑は中日時代にはホームラン王にまでなった力のある打者だったが、その後、監督とうまくいかなくなって打率が急落。03年にはオリックス・ブルーウェーブに移籍したが、ここでも監督とそりが合わず、04年には戦力外通告を受けていた。

一時は引退も考えたが、辿り着いたのが楽天だった。

背水の陣。そんな意識が、いつも山﨑のたぎる闘争心の奥底にあった。

それが負け慣れた楽天のほかの選手たちを引っ張るリーダーシップの源泉だった。

山﨑がリーダーらしい所作を最も見せつけたのが、07年後半のオリックス戦だ。これを落とせば最下位に転落という大事な試合だった。

9回裏、一死二、三塁とサヨナラの絶好機だ。ここでオリックスは一人を敬遠して、次打者の山﨑との勝負を選んだ。

実はこのとき、山﨑は股関節を負傷して十分に走れなかった。

オリックスとしては、満塁にして内野ゴロでのダブルプレーを狙ったわけだ。

力んだ山﨑はまんまと術中にはまってショートへのゴロを打った。おあつらえ向きのダブルプレーコースだ。

「終わった……」

ベンチも観客席も……球場全体が大きなため息に包まれた。

しかし、である。山﨑は股関節の負傷を押して、足をもたつかせつつ、必死の形相で全力疾走を続けた。

一塁ベースに飛び込む。

間一髪でセーフ。

三塁ランナーがホームを踏んで、サヨナラ勝ちだった。

選手全員、山﨑のもとへ走って大騒ぎだ。

ベテランが故障を押して果敢なプレーをして、勝つ。

周りは自然と燃える。闘争心は伝播する。

山﨑がもぎ取ったこの熱き勝利で楽天は勢いづき、結局、その年は4位でシーズンを終えることができた。

よきリーダーを育てる環境とは

山﨑に関しては、こんなこともあった。

ある選手が怠慢なプレーをしたときだ。

監督である私が叱るのは簡単だが、そうすると必要以上に萎縮してしまう選手もいる。

そんなとき、山﨑が気づくと、ベンチ裏に連れて行って叱咤激励するのである。監督より、同じ選手であるチームリーダーのほうが言葉を聞き入れやすい。大いに助かったものだ。

しかし、山﨑は最初から模範的なリーダーだったわけではなかった。

むしろ、突然就任した私に対して、「自分とは合わないに違いない」と警戒心すら抱いていたらしい。しかし、ベンチで私の戦術論や野球観、ボヤきなどを聞くうちに、「この人は信頼できる」と思ってくれたようだ。

聞く耳を持つようになり、ベンチでは常に私の近くに座り、貪欲に戦術や戦略を理解し、学ぼうとしていた。

私は私で、それを知った上で、ことあるごとに山﨑に「周囲を見返してやれ」「ほかの選手の手本となれ」と声をかけ続けた。

すると山﨑は、あれこれ指図せずともチームの鑑《かがみ》になっていったのだ。

要はリーダーもまた誰かの「背中」を見ているのだ。

よきリーダーがいない真の理由は、よき指導者がいないこと、環境を与えていないことなのかもしれない。

それは野球界もビジネスの世界も、似た状況だろう。

そう考えると、山﨑こそ、どこかの球団の監督をやらせればいいと思うのだが、声はかかっていないようだ。どの球団も処世術に長けた人間ばかりが監督をしている。

日本のプロ野球界のトップにも優れたリーダーがいない、ということなのかもしれない。

野村の真髄　いまいるメンバーの中から模範となる人間を育てる

13 弱者が強者に勝つデータ活用法

弱者が強者に勝てる時代

あらためて、すごい時代になったと思う。

インターネットで球団や選手の情報がこと細かに瞬時に見られるからだ。

私が京都の田舎にいた頃、プロの試合を見たことがなかった。テレビがない時代。プロ野球は新聞か、よくてラジオで聞くしかなかった。

オープン戦などで訪れてくれるようなこともない。だから、修学旅行で西鉄対阪急戦を見たときは度肝を抜かれた。

「これがプロの打球か！」と、そのスピードと迫力に興奮したものだ。

いずれにしても、いまはかつてとは比べものにならないほど簡単に情報、データが手に入る。

それは「弱者が強者に勝つ機会が増えた」ことにつながる。

なぜか？

投げる、走る、打つ。これらの能力や技術で圧倒的な相手に、弱者が正面からぶつかっても勝てるはずがない。

技術や体力で劣るなら、知力を磨くしかない。

そして、そのために不可欠なのが情報と、そこから得られる「データ」というわけだ。

一点突破の「武器」としてのデータ

データの使い方が、野球を決定づける。

たとえば、守備の布陣もデータをもとに戦術を練れば、弱者の策を打つことができる。

「王シフト」を知っているだろうか？

王貞治が現役だった頃に、広島カープが生み出した変則守備シフトのことだ。

まずは王の打撃に頭を抱えた広島のスコアラーが、あらためて過去の王の打球の傾向を調べた。

すると、打球はほぼライト方向だとわかった。

そこで、王の打席になったときだけ、ピッチャー、キャッチャーを除く七人の野手のうち、五人がフィールドの右半分に偏って守った。王が打つ方向だけに守備を固めたわけだ。

これが「王シフト」である。

王の知名度もあって王シフトばかりが有名だが、実はこうした変則守備シフトは私もよく使っていた。

プレーイングマネージャーだった南海時代、阪急ブレーブスの強打者として名を馳せていた長池徳二（後に徳士と改名）という選手がいた。

とくに南海は投手陣がパッとせず、長池に「お得意様」として打たれまくっていた。

そこで、データの出番だ。

野球は「確率」のスポーツである。長池がどの球を、どの方向に打っているのか——。

そのデータを分析すれば、必ず傾向が見えるはず。そう考えたのだ。

傾向が見えれば、策が打てる。

力と技術で劣る我らにとって、一点突破の「武器」となる。

実際、スコアラーの尾張久次さんに長池の全打球を調べてもらうと、おもしろいほど傾向が見えてきた。

右打者の長池は一、二塁間を抜ける打球が極端に少なく、右中間からレフト方向ばかりに飛ばしていた。そして外野手の間を抜ける打球がきわめて多かったのだ。

知恵は、奇策に活かした。

長打で外野を抜かれるのは致命的だ。だから外野を三人から四人に増やした。外野手の間隔を狭めたわけだ。

増えた外野手はどこから連れてきたかといえば、セカンドである。長池は一、二塁間を打てないから、セカンドが守るべき一、二塁間を開けたのだ。

ガラ空きの一、二塁間を狙われたらどうするか？

そうなっても、私の勝ちだ。

長池は流し打ちがそもそも苦手だから、せいぜいヒット止まり。長打を封じ込めることができて万々歳というわけだ。

結果として長池は、その後、南海戦ではなかなか打てなくなった。

実は、このシフトでのデータの使い方には二つのポイントがある。

一つは当然、彼の傾向を知り、策を練ることができたということ。

そしてもう一つは、「自軍を動かす説得材料」にできたことだ。

外野手を四人にするようなセオリーから外れた奇策に対して、自軍の選手は普通なら不安になる。そんなことをして大丈夫だろうか、と。

しかし、積み上げたデータを見せる。すると数値と確率で、「長池は一、二塁間に打てない」と実証的に理解できるだろう。

データは見えないものを見えるようにしてくれる武器だ。

と同時に、味方の気持ちを動かすエンジンにもなる、ということだ。

たくみなデータ使いが迷いを断ち切る

1997年9月2日、ヤクルト対横浜戦で、石井一久がプロ野球史上65人目（76度目）

のノーヒットノーランを達成した。

この偉業の陰にも、たくみなデータ使いがあった。

ＩＤ野球を標榜して、スコアラーに細かなデータを注文し、考えて試合に臨む私のスタイルは、すでに述べた通りだ。

このときも当然、そうだった。いつもスコアラーには「なるべく細かいデータ、現場に活かせるデータを出してくれ」と頼んでいた。

たとえば打者なら、どこのコースに球を投げると空振りをし、どのコースだとファウルになり、どこのコースならヒットになったか、というデータを出させた。

さらに、ヒットに関しては、会心の当たりがＡ、普通の当たりならＢ、ボテボテならＣといった具合に、ＡＢＣに分けて詳細に分析させた。

横浜の打者のデータを見ると、おもしろい傾向があった。

横浜打線が「Ａ」のヒットを打つのは高めのボールばかり。低めのボールになるとＢとＣに集中していたのである。

低めを突けば打たれる可能性は低い。それはセオリーとしては野球人なら誰しもわかっていることだ。

ただし、低めを好んで打ったり、低めを狙ってくるバッターもいるため、バッテリーは考え過ぎて裏をかいたりしがちだ。しかし、こうしてデータで示されると、余計な猜疑心を捨てられる。

その結果、石井一久はボールを低めに集めて、10個の内野ゴロを打たせて横浜打線を封じ込めた。

実に冷静にノーヒットノーランを成し遂げたのだ。

こまやかなデータがあったからこそ生まれた記録である。

このように、データは何より雄弁に相手チームのクセや戦力、あるいは自分たちの現実を語ってくれる。「敵を知り、己を知る」上で強力な武器になる。

しかし、いまのように情報があふれてくると、今度はデータに振り回されないように気をつける必要もある。

勝負事には別の大きな力が働くことがあるからだ。

その名を「闘争心」と言う。

ときに、あえてデータを無視する決断も

　IDを提唱しつつ、私はときどきデータを無視した作戦も実行した。

　思い出すのが、92年9月24日のヤクルト対阪神戦での荒木大輔だ。首位争いをしていた天王山の試合。私は先発として直前まで二軍にいた荒木を指名した。

　荒木はヒジを故障して二軍落ち。四年間、登板すらない状態だった。データで推し量れば、そんな大事な試合など任せられない。

　しかし、荒木の顔と目には誰より闘争心があふれていた。

　高校時代は一年生の夏から春夏の甲子園にすべて出場し、修羅場をくぐってきた男だ。その上、四年間、悔しさを存分に味わった。「何がなんでも勝ってやる」という強い意志がみなぎっていた。

　当時、優勝争いの経験がなかったヤクルトには、技術はともかく、経験と闘争心で荒木に勝る者がいなかった。ギリギリの大舞台では、データより、やはり気持ちが上回るものだからだ。

だからこそ、荒木に懸けた。

結果は、7回無失点で勝利投手だ。14年ぶりの優勝を手に入れる貴重な1勝となった。

データは絶対ではない。

むしろデータでは分が悪いが、やる気や闘志はみなぎっているようなときのほうが力を発揮することがある。

調子がいいときは、人は考えずに仕事をする。しかし、調子が悪いときは「どうすれば改善できるか」を丁寧に考えて動くからだ。

もし、あなたが人を使う立場なら、冷静なデータや数字のみならず、部下の目に宿る闘争心の有無を覗いてみることだ。

負けに不思議の負けはないが、勝ちには不思議の勝ちがある。データを超えて、思わぬ勝ちを手にすることはあるのだ。

余談だが、私はグラウンドの外でもデータ収集を怠らなかった。

酒は飲まないが、たまに銀座や北新地に出かけて「野球選手は来てないか」と情報収集をしていた。

そして後日、バッターボックスに立つ選手に「銀座のアヤ、元気か」「おう、恵子ちゃんが会いたがっていたぞ」とささやくわけだ。ささやき戦術も綿密なデータ収集と分析のおかげで生まれたというわけである。

もちろん、いまは銀座でデータ収集などしていない。

「沙知代シフト」がキツいためだ。

野村の真髄

〝見えない何か〟を見出してこそのデータ

14 信頼されるリーダーは感情の整え方がうまい

私はボヤいても、カッとはならない

つい最近、いまさらながら「野村克也」の名がスポーツ紙に載ったようだ。谷繁元信（中日ドラゴンズ選手兼任監督）のおかげである。

３０１７試合という、私が持っていたプロ野球通算最多試合出場記録を、ようやく谷繁が抜いてくれたからだ。

一部の記者からは「自分の記録が抜かれて腹立たしくないか」などと意地の悪い質問を受けた。実にくだらない話だ。

記録とは自己満足でしかない。

それを抜かれたからといって、腹立たしいはずはない。

そもそも私は腹を立てたり、カッとして怒ることがほとんどない人間である。ボヤくだけだ。

勝負は感情に走ったほうが負ける

私が怒ったり、怒鳴ったりしない理由は、「感情に走ると勝利はこぼれ落ちる」と強く信じているところが大きい。

確かに勝負というのは、力と力、知恵と知恵のぶつかり合いだ。しかし、人間が互いに競り合うとき、そこには必ず感情や性格といった心理的なものが大きく関わってくる。

いくら力がある者でも、ふとしたひと言で心が動揺することはある。いくら優れた技術を持った者でも、心穏やかならぬ出来事があれば、ワザの精度は狂う。

平常心なき者は、勝負事で力を発揮できないのである。

これを戦略的に武器として使ったのが、前項でも触れた「ささやき戦術」だ。バッターボックスに立つ選手に対し、キャッチャーである私が、ボソッと何かひと言を放つ。

「お前、真っすぐ待っとるな」

この予言めいた〝ささやき〟に根拠はいらない。当たっている必要などないからだ。

もちろん、当たっていたら、バッターは「見抜かれている……」と焦るはずだ。

しかし、当たっていなかったとしても、「ハズレだよ。……でも、どうしてそんなことを言うんだ？」と、バッターには疑心暗鬼が芽生える。いずれにしても相手は動揺するわけだ。そうなればしめたもの。いらぬ感情に支配されて、バッティングに不可欠な「集中力」を奪われるからだ。

実のところ、ささやきにどれほど効果があったかはわからない。

しかし、一つだけ言えるのは、感情の起伏が激しい者、怒りっぽい人間ほど、その効果を手に取るように感じ取れた、ということだ。

現役時代、バッターの怒号で「勝ち」を確信

「うるせえ！」

私がブツブツささやくや、大声で怒鳴りつけてきた男がいた。東映フライヤーズ（現北海道日本ハムファイターズ）の大杉勝男というバッターだ。豪快なアッパースイングが持ち味だったが、球界一けんかっ早いと言われるほどキレやすい男だった。まんまと私のささやきにもキレたわけだ。

「なんじゃ、先輩に向かってその言い草は」

と、私はあえて火に油を注いだ。

さらにカッカとにらんでくる大杉に対して、審判が間に入って仲裁するほどだった。

勝負あり。そう思った。

大杉はなんということのない配球に、空振り三振をした。

本来、ボールに向けなければいけない意識を、イラだって私に向けた時点で負けなのである。

怒りの感情は思考を停止させてしまう。

「思考」と「感情」はつながっているものだ。

勝負の途中で怒るような人間は、勝負において不利な状況を自ら作り上げていることにほかならないわけだ。

私はキャッチャーマスク越しにささやきを続けてきた。

そして、怒りの感情に支配されやすい人間ほど力を発揮できないことを反面教師にして、自分に活かしてきたのである。

私が一度、バッターボックスでキレた理由

かくいう私も、プロ野球人生の中で、試合中にカッとなってグラウンドで怒鳴ってしまったことがある。

とくに覚えているのは、西鉄ライオンズのピッチャーだった池永正明に対して怒鳴ったことだ。

力強い投球と並外れた配球センスを持つ池永は、実にいいピッチャーだった。

しかし、人間的には難ありだったと思わざるを得ない。

というのも、あるとき打席に入った私の頭に思い切りボールを投げてきたからだ。ビーンボールである。

直撃したら選手生命が終わりかねない、絶対にしてはならない投球だ。

だから、バッターボックスから怒鳴ったのだ。

「ええ加減にせい、コラ！　プロならちゃんと勝負せえ‼」

本来、ビーンボールを投げた相手は、多少なりとも罪悪感を持っているものだ。

注意を受けたら、たいていのピッチャーは萎縮する。

しかし、その後に投げ込まれた池永の2球目――。

目をむき出して怒りの感情もあらわに、またわざと頭を目がけて投げ込んできた。怒鳴った私に対して、怒って報復してきたわけだ。

しかし、私はここで怒鳴るのをやめた。

池永の態度から学んだのである。

「バカには逆らわないほうがいい」

と。

相手に乗せられて、同じように激昂するのは大損だと池永に教わったのだ。

結局、池永は後に「黒い霧事件」という日本プロ野球史上最大の汚点とも言える八百長事件に加担していたということで永久追放処分となった（２００５年に処分解除）。

怒りの感情で我を忘れるような人間は、思わぬ闇に足をすくわれることがあるのかもしれない。

実は怒り上手だった張本

勝負にはルールがある。

怒りをあらわにすることで、そのルールを破りがちになるのも怖いところだ。その先には大きな罰が待っている。

かつてサッカーのワールドカップ決勝で、フランス代表のジダンという選手がイタリアの選手に挑発された腹いせに頭突きをして一発退場になった。まさにあれだ。

野球界では、私が覚えている中で最も大きな罰を受けたのは、山本八郎という選手だ。

東映フライヤーズの外野手。「けんかハチ」とアダ名がつくほど、すぐに頭に血が上るタイプの選手だった。

１９５８年。その山本がいる東映と、駒沢球場で南海が対戦した。

山本はその試合のある打席で内野ゴロに打ち取られたが、間一髪のタイミングだったため、一塁の角田隆良塁審に、まず猛抗議した。しかし、結果はくつがえらない。あきらめてベンチに帰ったな……と思った途端、猛然とベンチから飛び出して角田塁審のもとに走り込み、往復ビンタをくらわしたのだ。さすが「けんかハチ」である。

結局、山本は数カ月もの間、出場停止処分となった。

選手個人のみならず、主力を欠くとなれば、チームとしても大きなマイナスだ。その責任感が欠けていることも、怒りっぽい人間の特徴と言えそうだ。

怒りっぽい人間といえば、同じ東映フライヤーズにいた張本勲も思い出す。すぐにカーッとなる性分は、張本も同じだった。

しかし、彼の場合は少し賢かった。

ボール球をストライクと判定されたとき、張本は直接、審判に声を荒らげるようなことはしなかった。しかし、グッと怖い顔で審判をにらみつけ、何も言わずにバットでホームベースの横に線を引いた。

「おい。ここを通っていたぞ。ボールじゃないのか？」

口には出さないが、そう伝えたわけだ。退場にはならないが、怒りと抗議はアピールできる。こうしてクレバーな抗議を続けた鬱憤がたまっているのか、張本はいま、毎週テレビでやたらと「喝！」を誰かれかまわず飛ばしている。

稲尾の圧倒的な投球術は、乱れない心が生んでいた

怒りに感情を左右されないためには、どうすればいいか？

〝敏感さ〟を磨くことだろう。

怒りで我を忘れるのは、いわば鈍感である証拠だ。カッとなって平常心を失ったら自分の力は発揮できない。

自分のキャリア、仲間からの信頼……。そうして積み上げたものを、怒りの感情は一瞬にして台なしにしてしまうことまである。

そんな当たり前のことに気づけないのは、鈍感そのものだからである。

では、敏感さはどう磨けばいいのか、と言えば、それは「丁寧に仕事をする」ことしかないのではないだろうか。

かつて西鉄ライオンズに稲尾和久というピッチャーがいた。

生涯通算防御率は1・98。

「神様・仏様・稲尾様」などとあがめられた大投手だ。

武器は圧倒的なコントロール。

オールスターゲームのときにバッテリーを組んだが、ブルペンでの投球練習時からほとほと感心した。

「ノムさん、外角いっぱいのところで構えてくれ。動かさないでよ」と言った、その直後だ。

バンッ！　とミットにボールが入ってきた。

「次、インハイだ」と言われて構えた。バンッ！　とまた入った。

まるで精密機械だった。

こりゃ打てんわ、と感じたものだ。

そんな正確無比なボールを投げる稲尾は、実にこまやかな男だった。

これは南海で私とバッテリーを組んでいた杉浦忠がよく言っていたのだが、稲尾が投げたあとに杉浦がマウンドに向かうと、必ずマウンドがきれいにならされているのだという。

たいていマウンドは踏み込んだ足の部分がえぐれたままになっている。しかし、稲尾はどんなに打ち込まれたときでも、打たれてカッカする素振りすら見せなかった。いつも通り丁寧にマウンドをならしたのだ。

しかもロージンバッグも常にきれいにプレートのそばに置かれていたそうだ。

繰り返しになるが、「思考」と「感情」はつながっている。

そして「思考」と「行動」もまたつながっている。

ならば、「行動」から変えてみればいい。

こまやかで丁寧な仕事を続ければ、激情に心を惑わされることもなくなる。常に平常心を持って、集中してやるべきことをやろう、という思考も根づく。

丁寧に、丁寧に、目の前の仕事を続けるうちに、結果は自ずとついてくるのである。

野村の真髄

「丁寧な仕事」を続けた者だけが本当の才能を発揮できる

エピローグ——「正しい努力」は、自分を決して裏切らない

「お前はファーストを守れ」

クビ宣告を免れた南海時代の2年目、私はファーストにコンバートされた。バッティングは評価されていたが、キャッチャーとしては肩が弱く、使いものにならないとされたのだ。しかし、当時の南海のファーストは飯田徳治さんという方で、不動の四番バッターだった。分の悪い戦いだ。私はウエスタン・リーグで3割を超える成績（2位）を残すが、ファーストである以上、一軍レギュラーは夢のまた夢に思えた。

一方で当時、南海の正捕手は松井淳さん。すでに30歳で代替わりのチャンスがあった。

そこで、私は二軍の練習後、遠投の練習を毎日繰り返した。

足の速さと肩の強さは天性のもので、鍛えても伸びないと言われる。

しかし、体全体を使って投げる遠投は、コツコツ努力すれば必ず距離が伸びると聞いていたからだ。

ところが、いくらやっても、それほど距離は伸びなかった。

投げても投げても、それまでとあまり距離が変わらなかった。

やはり肩は天性のものか……とあきらめかけていたある日、一軍のレフトだった堀井数男さんにキャッチボールをつきあえと声をかけられた。

相手は一軍のレギュラー。ちゃんと胸元に返さなくては……と思えば思うほど、緊張してボールが曲がって、おかしなところへ返球してしまった。

「おまえ、どんな握りしとるんや」

そう言われてボールの握り方を見せると、堀井さんは言った。

「バカタレ。プロのくせに握り方も知らないのか。そうじゃない」

私はそれまでボールの正式な握り方など知らずに過ごしていた。なんとなく感じていた握りやすさから、人差し指と中指をボールの縫い目にタテに沿わせて握っていた。しかし、これはいまで言うツーシームの握り方。真っすぐを投げたつもりでも、微妙にシュートやスライダーのように変化する握り方なのであった。

そこで堀井さんに教わった通り、縫い目を横にして人差し指と中指が引っかかるように握り直した。すると、驚くほどストレートは真っすぐ走った。堀井さんの胸元に、しっかりボールが届くようになった。

その後、遠投をすると私のボールは遠くまで伸びるようになった。正しい握り方を教わった途端、すべてが解決したのである。

そして3年目。この遠投が評価され、私はハワイでのキャンプに参加できた。役割はブルペン捕手だったが、親善試合で活躍して3割以上をマーク。鶴岡監督に認められ、レギュラーの座を勝ち取るに至ったのである。

努力は裏切らない。

よく聞く言葉だが、それは「正しい努力」であることが絶対条件だ。間違った努力を続けても力は伸びない。結果は出せない。

私がこの本で伝えたかったのは、そんな「正しい努力」のやりようである。

自分の力を伸ばしたいと思うなら、正しい努力を続けることだ。

目を、耳を、足を、鼻を、そして頭をどう使うのか――。

常に正しく考えて、考えて、考え抜いて日々を歩んでいけば、ある日突然、以前とは違う景色が見えるときが、必ずくる。

正しく握ったボールを、正しく投げれば、それは必ず伸びるのである。

企画協力／KDNスポーツジャパン
編集協力／カデナクリエイト
本文写真提供／富本真之（Ⅰ、Ⅲ、Ⅳ）
産経新聞社（Ⅱ）
本文DTP／エヌケイクルー
※本書は月刊誌『BIG tomorrow』（小社発行）の連載「野村克也の「サラリーマン再生道場」」に加筆・修正し、構成したものです。

青春新書
INTELLIGENCE

こころ涌き立つ「知」の冒険

いまを生きる

"青春新書"は昭和三一年に——若い日に常にあなたの心の友として、その糧となり実になる多様な知恵が、生きる指標として勇気と力になり、すぐに役立つ——をモットーに創刊された。

そして昭和三八年、新しい時代の気運の中で、新書"プレイブックス"にその役目のバトンを渡した。「人生を自由自在に活動《プレイ》する」のキャッチコピーのもと——すべてのうっ積を吹きとばし、自由闊達な活動力を培養し、勇気と自信を生み出す最も楽しいシリーズ——となった。

いまや、私たちはバブル経済崩壊後の混沌とした価値観のただ中にいる。その価値観は常に未曾有の変貌を見せ、社会は少子高齢化し、地球規模の環境問題等は解決の兆しを見せない。私たちはあらゆる不安と懐疑に対峙している。

本シリーズ"青春新書インテリジェンス"はまさに、この時代の欲求によってプレイブックスから分化・刊行された。それは即ち、「心の中に自らの青春の輝きを失わない旺盛な知力、活力への欲求」に他ならない。応えるべきキャッチコピーは「こころ涌き立つ"知"の冒険」である。

予測のつかない時代にあって、一人ひとりの足元を照らし出すシリーズでありたいと願う。青春出版社は本年創業五〇周年を迎えた。これはひとえに長年に亘る多くの読者の熱いご支持の賜物である。社員一同深く感謝し、より一層世の中に希望と勇気の明るい光を放つ書籍を出版すべく、鋭意志すものである。

平成一七年

刊行者　小澤源太郎

著者紹介

野村克也〈のむら かつや〉

1935年京都府生まれ。京都府立峰山高校卒業後、54年にテスト生として南海ホークスに入団。球界を代表する捕手として、戦後初の三冠王、歴代2位の通算657本塁打など数々の大記録を打ち立てる。70年より選手兼監督。その後、ロッテ、西武と移り80年に現役引退。90年にはヤクルトの監督に就任、9年連続Bクラスだったチームを、4度のリーグ優勝、3度の日本一に導く。その後、阪神、楽天等で監督を歴任。現在は野球解説者として活躍中。
おもな著書に『わたしが選んだ　プロ野球10大「名プレー」』（小社刊）のほか、『高校野球論』（角川新書）、『「小事」が大事を生む』（扶桑社）などがある。

野村《のむら》の真髄《しんずい》
「本当《ほんとう》の才能《さいのう》」の引《ひ》き出《だ》し方《かた》

青春新書
INTELLIGENCE

2015年10月15日　第1刷

著者　野《の》村《むら》克《かつ》也《や》

発行者　小澤源太郎

責任編集　株式会社プライム涌光
電話　編集部　03(3203)2850

発行所　東京都新宿区若松町12番1号 〒162-0056　株式会社青春出版社
電話　営業部　03(3207)1916　振替番号　00190-7-98602

印刷・中央精版印刷　製本・ナショナル製本

ISBN978-4-413-04465-3

こころ涌き立つ「知」の冒険!

青春新書
INTELLIGENCE

副題	書名	著者	番号
パワーナップの大効果!	脳と体の疲れをとる仮眠術	西多昌規	PI・434
頭がいい人の「考えをまとめる力」とは!	話は8割捨てるとうまく伝わる	樋口裕一	PI・435
	高血圧の9割は「脚」で下がる!	石原結實	PI・436
「志」が人と時代を動かす!	吉田松陰の人間山脈	中江克己	PI・437
	月900円!からのｉＰｈｏｎｅ活用術	武井一巳	PI・438
実家の片付け、介護、相続…	親とモメない話し方	保坂　隆	PI・439
いまを生き抜く極意	「ズルさ」のすすめ	佐藤　優	PI・440
	アルツハイマーは脳の糖尿病だった	森下竜一 桐山秀樹	PI・441
	英会話 その単語じゃ人は動いてくれません	デイビッド・セイン	PI・442
名画とあらすじでわかる!	英雄とワルの世界史	祝田秀全［監修］	PI・443
	「いい人」をやめるだけで免疫力が上がる!	藤田紘一郎	PI・444
	まわりを不愉快にして平気な人	樺　旦純	PI・445
	なぜ、あの人が話すと意見が通るのか	木山泰嗣	PI・446
	できるリーダーはなぜメールが短いのか	安藤哲也	PI・447
	江戸三〇〇年 あの大名たちの顚末	中江克己	PI・448
	あと20年でなくなる50の仕事	水野　操	PI・449
相続専門の税理士が教えるモメない新常識	やってはいけない「実家」の相続	天野　隆	PI・450
	なぜ一流は「その時間」を作り出せるのか	石田　淳	PI・451
自分が「自分」でいられる	コフート心理学入門	和田秀樹	PI・452
図説 地図とあらすじでわかる!	山の神々と修験道	鎌田東二［監修］	PI・453
一見、複雑な世界のカラクリが、スッキリ見えてくる!	結局、世界は「石油」で動いている	佐々木良昭	PI・454
やってはいけない38のこと	そのダイエット、脂肪が燃えてません	中野ジェームズ修一	PI・455
図説 実話で読み解く!	武士道と日本人の心	山本博文［監修］	PI・456
	なぜ「あの場所」は犯罪を引き寄せるのか	小宮信夫	PI・457

お願い　ページわりの関係からここでは一部の既刊本しか掲載してありません。
折り込みの出版案内もご参考にご覧ください。

一流の言葉の重み!
青春新書インテリジェンスのロングセラー

青春新書
INTELLIGENCE

プロ野球 勝ち続ける意識改革

辻　発彦

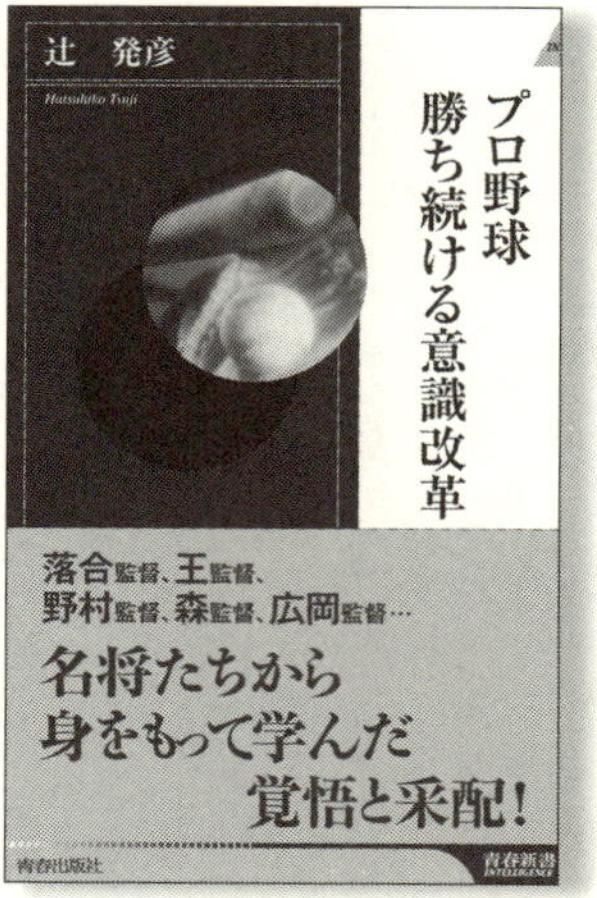

現役・コーチ時代を通じて、リーグ優勝12回、
日本一7回、世界一も経験したからこそ見えてきた、
勝ち続けるチームのプロフェッショナル野球&リーダー論。

ISBN978-4-413-04369-4　848円